国家自然科学基金（71902011）
北京外国语大学双一流建设科研项目（212500119027）
资助

运营管理决策中人的行为和产品差异

BEHAVIORAL AND PRODUCT DIFFERENCES IN OPERATIONS MANAGEMENT DECISIONS

李 雪◎著

中国经济出版社
CHINA ECONOMIC PUBLISHING HOUSE
·北 京·

图书在版编目（CIP）数据

运营管理决策中人的行为和产品差异/李雪著．
—北京：中国经济出版社，2020.4
ISBN 978-7-5136-6016-7
Ⅰ.①运… Ⅱ.①李… Ⅲ.①企业管理—运营管理—研究 Ⅳ.①F273
中国版本图书馆 CIP 数据核字（2020）第 006369 号

责任编辑　牛慧珍
责任印制　马小宾
封面设计　任燕飞

出版发行　中国经济出版社
印 刷 者　北京九州迅驰传媒文化有限公司
经 销 者　各地新华书店
开　　本　710mm×1000mm　1/16
印　　张　12
字　　数　114 千字
版　　次　2020 年 4 月第 1 版
印　　次　2020 年 4 月第 1 次
定　　价　68.00 元
广告经营许可证　京西工商广字第 8179 号

中国经济出版社　**网址** www.economyph.com　**社址** 北京市东城区安定门外大街　**邮编** 100011
本版图书如存在印装质量问题，请与本社销售中心联系调换（联系电话：010-57512564）

前言
PREFACE

随着网络信息化和电子商务的飞速发展，现代零售业面临越来越多的挑战，供应链的结构也变得更加复杂和多样化。传统的供应链研究大多是建立在新古典经济学的“理性经济人”假定之上，这一假定存在很大的不足之处。虽然传统研究获得了很多非常有价值的结论，但在某种程度上依靠完全理性下的模型和理论会导致系统性偏差，特别是当面临的决策非常复杂时，这种误差就更为明显。

供应链管理是和实践密切相关的学科，也为实践者提供规则和指导意义，然而如果这些模型的建立没有涉及有关行为的因素，其结论和效用在实践中可能确实非常有限。对于理性人的理论假设只是一种理想模式，我们需要识别不同的行为偏好模式，从而对理论有更深层次的认识。除了人的决策行为，产品属性也是企业生存和竞争的基础。在多种供应链结构下，深入理解和探究人的行为差异和产品差异特征对运营管理相关决策的影响具有重要意义。

本书针对“理性经济人”假设的两大行为挑战，即有限理性偏差和社会偏好效应，考察企业决策者和消费者行为差异以及产品差异特征对运营决策的影响，为现实供应链管理提供更科学的决策支持。认知科学、决策科学、社会心理学、行为和实验经济学领域的方法和成果为行为运营管理研究提供了基础；尤其是这些年行为和实验经济学的发展，为行为运营管理研究的前行提供了值得借鉴的启发和方法。本书也对这些研究进展从不同方面进行了介绍。希望通过本书，能让更多读者了解行为因素在运营和供应链管理领域的影响机制和重要性，并能为提出适用于中国情境的供应链管理理论做出贡献。

本书承蒙国家自然科学基金（71902011）和北京外国语大学双一流建设科研项目（212500119027）资助，在此深表感谢。同时要感谢我的导师、家人和朋友，对我研究工作一直以来的支持，使本书的研究成果得以顺利完成。最后，本书在疫情期间出版，实为不易，由衷地感谢中国经济出版社在本书编辑和出版过程中的各项工作和付出。

本书的部分研究成果仍在完善和发表中，难免存在不成熟和不足之处，恳请广大读者朋友批评指正。

李　雪

2020 年 3 月于北京外国语大学

目录 CONTENTS

第 1 章

引 言

1.1　企业运营与营销策略

零售行业是一个国家经济活动的缩影，体现了国家实体经济的繁荣与衰退。近些年来，随着我国经济进入新常态，商品零售额和大型零售企业销售额增速连续放缓甚至下降。我国零售业正逐步趋向于存量竞争，产品性价比及差异化将成为零售商的重要考量。2017 年，我国经济社会发展以新产业、新业态、新模式为核心的新动能不断增强，零售业围绕多样化、个性化的消费需求，新兴业态不断涌现，商品结构持续优化。根据商务部发布《中国零售行业发展报告（2018/2019 年）》，截至 2018 年底我国零售业经营单位 2080 万个，同比增长 7.8%，2018 年全年商品零售额达 33.8 万亿元，同比增长 8.9%。

沃尔玛（Wal-Mart）作为以营业额计算为全球最大的跨国企业，是零售行业的成功模板。我们从沃尔玛的例子中分析零售企业面对的一些运营和营销问题。事实上，沃尔玛的成功主要在于其供应链管理的水平，这也是零售行业核心竞争力的体现（李冰贤，2006）。沃尔玛供应链管理的优势使其成本得到了降低，库存得到了优化，工作效率得到了提升。然而，沃尔玛1996年进入中国市场，在中国的发展并不是很理想，多年存在亏损现象。由于中美两国存在巨大的文化差异，沃尔玛想在中国实施与在美国同样的运营管理模式，就或多或少会面临一些问题。比如采购和库存管理方面，中国的一些沃尔玛超市总是出现畅销品缺货，非畅销品库存堆积的现象，这一现象和中国沃尔玛采购人员的决策行为密切相关（周芳琴，2016）。如果由于采购人员文化差异而导致其订货决策存在系统性偏差，对沃尔玛来说会造成较大的利润损失。那么，沃尔玛如何应对文化差异带来的决策难题呢？

除了人的决策行为，产品属性也是企业生存和竞争的基础。《中国零售行业发展报告（2017/2018年）》提出，“为顺应居民个性化、多样化、品质化消费趋势，零售企业通过转方式、提品质、优服务，回归零售本质”。市场上消费者的需求丰富和多元化使得企业提供的产品种类越来越多，而产品的差异在一定程度上反映了消费者偏好的差异。然而，消费者偏好的差异本身是消费者的私有信息，并且不同的消费者对于同样的产品可能具有异质的偏好和效用，这就导致产品的差异化问题非常复杂。

发展自有品牌产品（Private Label）是沃尔玛一直以来的全

球战略。自有品牌一般被零售商作为和制造商品牌产品进行市场差异化以获得更多利润的产品项目，是由零售商自行培育和控制的品牌产品，是零售商直接与供应商合作的方式之一。

自有品牌兴起于西方发达国家，在欧洲和美国等地区占有很大比重且发展迅速。Nielsen 数据显示，自有品牌在欧洲市场上渗透率最高，尤其是在西欧市场上。从图 1.1① 中可以看到，瑞士在全球拥有最高的自有品牌市场渗透率，其次是英国。在中欧和东欧市场，自有品牌渗透率相对较低，且各地区波动较大。在欧洲，70%以上的消费者认为自有品牌对于制造商品牌而言是一个好的替代选择。在美国，自有品牌也占有较大比重。据统计，2017 年自有品牌在美国销售额增长了 9.3%；美国超市等大众渠道（mass channel）的销售额为 3050 亿美元，其中零售商自有品牌的销售额达到了 549 亿美元，比 2016 年上升了 9.1%；在美国超市，几乎 1/4 的销售产品都是自有品牌（Nielsen，2018）。尽管中美零售业销售规模差距在逐年缩小，但我国的自有品牌所占市场份额远低于美国等发达地区，仍处于起步阶段。

沃尔玛通过自身的供应链优势，使自有品牌惠宜（Great Value）在中国市场迅速地发展起来，2016 年销售近 8000 万件商品。沃尔玛的惠宜商品几乎是和制造商直接合作生产，获得显著的价格优势。比如，惠宜商品的价格比沃尔玛超市同品质

① Planet Retail Ltd-www.planetretail.net；部分基于 Nielsen。

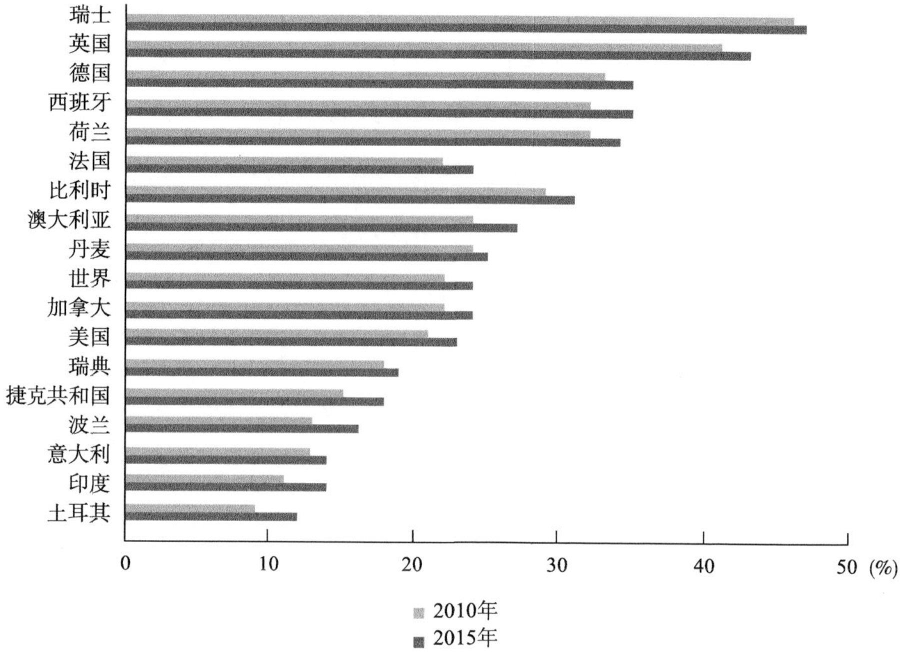

图 1.1　全球自有品牌市场渗透率

的商品大约低 15%①。当然，消费者在选择产品时不仅会考虑价格，也会对质量有不同的偏好。质量高的自有品牌产品生产成本和价格也相对较高。那么，对于沃尔玛这类零售商而言，如何引入差异化的自有品牌产品，是值得思考的。

反观沃尔玛销售的制造商品牌，为满足不同消费群体的需求以及迎合消费者的多样性选择行为，制造商们经常生产推出自己品牌的多种变体产品，多见于服装、饮品、运动装备、手表等品类。Shugan（1983）将同种产品品类的差异化产品叫作

① http：//www.prnasia.com/story/172311-1.shtml.

品牌变体（Branded Variants）。比如达能（Dannon）提供原味、蓝莓、黄桃、草莓等不同口味的酸奶；可口可乐（Coca-Cola）提供的普通可乐、健怡可乐以及零度可乐等。对于品牌变体产品而言，它们具有诸如颜色、大小、味道、卡路里含量、款式等特征差异。消费者一般在选择购买的时候不仅会对比不同品牌之间的产品价格差异，也会关心同一品牌下变体产品间的价格差异。制造商选择通过沃尔玛这类零售企业来销售自己的品牌变体产品，这是一种分销模式。随着现在电子商务的普及，直销模式也越来越受到企业的欢迎。那么，对于品牌变体产品的销售，考虑消费者的偏好特征，制造商选择在沃尔玛上进行销售是否是最优的，应该如何正确地选择销售策略呢？

1.2 人的行为差异特征

运营管理（Operations Management，OM）一直是学界和业界关注的重要领域，而传统的运营管理研究大多是建立在新古典经济学的“理性经济人”假定之上，即相信个体具有理性决策的能力并受到自利动机的激励来最大可能地实现预定目标，这在理论上和实践上都存在很大的不足之处。

首先，在理论上，绝大多数的运营管理系统都是非常复杂的社会系统：从企业内部的产品研发、库存管理、生产制造，到企业之间的业务外包、供应链协调，人的行为是其重要组成部分，人的决策行为会大大影响运作系统的运转情况，企业运作优越性能的体现最终也是建立在人的基础之上。然而，多年以来研究者们一般在分析中假设人是完全理性的，尽管可能考虑了人的因素，但在本质上对实际运作系统中的人的行为这一关键要素进行了简化，虽然获得了很多非常有价值的结论，但在某种程度上依靠完全理性下的模型和理论会导致系统性偏差，特别是当面临的决策非常复杂时，这种误差就更为明显。

比如，关于理性人的假设包括：人不受到无关噪音信息的影响，不受认知偏见或情绪的影响，其决策过程包含所有相关的变量和可替代方案，并做出最优化决策等。但是这些理论假设只是一种理想模式，我们需要识别不同的行为偏好模式，从而对理论有更深层次的认识。例如，运营管理研究中经常考虑消费者行为，长期使用的是理性选择的假设，然而基于一些社会心理学研究表明，消费者并不是完全理性的，其具有主观能动性和策略行为特征，而忽略其行为因素会对企业的运营管理决策产生不良影响，对理论研究的发展产生限制。

其次，运营管理的实践活动也体现出传统运营研究中的上述问题。学者们发现，在运营管理实践中，管理者所做出的决策经常与理论模型所给出的最优解相去甚远，传统运营管理的研究结果并不能真实反映现实中的运营管理行为。

一方面，运营管理理论中模型假设往往比较抽象和理想化，理论建立和求解优化却比较复杂，而企业在管理库存的实践中往往存在许多的复杂性、碎片化不完善信息和不确定因素，并且在做库存决策时经常基于一些简单的规则甚至直觉或猜测，并不是完全理性的，很少甚至没有采用库存理论模型。例如，

Fisher和Raman（1996）在研究中提供证据说明管理者订货决策和理论期望最优订货量并不一致，他们尝试应用报童模型为某时装制造商设计一套算法，这套算法帮助该企业管理者增加了大约60%的收入，但在他们致力于使用复杂的数学方法对运营管理系统进行分析的过程中，他们也发现服装零售商实际的订货量低于报童模型中的期望收益最大的订货量。Schweitzer和Cachon（2000）通过实验的方法分析指出库存决策者的订货常偏离期望收益最大化模型的预测，呈现为向需求均值靠近的形态，表现出系统性的偏差，而这一偏差正是由于决策者的不完全理性和决策中的偏差导致，包括最小事后库存误差偏好、锚定和调整不充分偏差等。Patsuris（2001）研究指出，当连锁店的决策者了解市场走低情况时，其订购决策仍然高于市场上的需求量。

另一方面，运营管理决策如库存决策在企业实践中受到多个部门不同决策者的决策影响，并不是理论模型中简单抽象出的优化决策场景，人在做决策时不仅会受到其他决策者的影响，也会出现个人优化决策和企业整体优化决策不一致的情况。因此，考虑人在实践中的具体行为在运营管理研究中是必要的。运营管理是和实践密切相关的学科，也为实践者提供规则和指导意义，然而如果这些模型的建立没有涉及有关行为的假设，其结论和效用在实践中可能确实非常有限。

在理论和实践两方面原因的共同推动下，从 21 世纪开始，一些学者逐渐将注意力转向用行为学的方法去分析运营管理决策过程，行为运营管理（Behavioral Operations Management，BOM）这一领域逐渐兴起和发展，也使运营管理的研究内容更加丰富，范围更加扩大，体系更加完整。Gino 和 Pisano（2008）较为全面地描述了行为运营管理的研究内容和研究目的，指出“行为运营管理关注于人的认知过程和行为因素对于运作系统和过程的影响，并以此为基础对运作系统和过程的设计、管理和改进提出规范化的建议”。Loch 和 Wu（2007）指出“行为运营管理是运营管理的一个多学科分支，在系统运作过程中明确考虑人的行为倾向的作用，即受到有限理性偏差、社会偏好和文化准则的影响，用数学建模的方式对其进行研究，可以在行为运营管理甚至更大的领域指导实证检验”。

行为运营管理发展的目的也是希望改变因传统运营管理将人的行为过于理想化的假定，而导致有关理论难以预测和解释现实运作系统表现的现状，通过对人的现实行为特征的考察，开展运作系统的设计、运营和改善方法研究。在学科理论支持方面，认知科学、决策科学、社会心理学、行为和实验经济学领域的方法和成果为行为运营管理研究提供了基础；尤其是这些年行为和实验经济学的发展，为行为运营管理研究的前行提供了值得借鉴的启发和方法。①

行为和实验经济学对“完全理性经济人”这一假设提出了挑战。一方面在个体认知层上考察人的思想、推理、决策、动机和情绪等，挑战人并不是完全理性，即人是有限理性的，在某种意义上，人并不完全有能力做出最优化决策行为，现实中常偏离规范的决策理论的预测；另一方面在群体层次上考察人的社会互动，挑战人并不是完全自私，即人不仅关心自身所能获得的收益，还受到一定的社会规范的影响，具有一定的社会偏好属性。我们知道，经济系统是由人类主体组成和掌控的，区别于物理学里面研究物体的运动和交互，经济决策问题是由具备情感关系的人类主体来进行和完成。尽管新古典经济学理论提供了分析刻画以及设计有效经济系统的强大工具，但是我们仍然可以观察到这些理论无法解释的市场失灵现象。在描述或预测人的行为时，完全依靠规范化的理论模型会导致系统误差。然而，行为和实验经济学通过将心理学和新古典经济理论整合在一起，在一定程度上为我们理解市场现象提供了一些改善和完善。对于行为运营管理这一学科，它的发展原因和推动力实际上与行为和实验经济学比较类似，我们同样也会从对“完全理性经济人”这一假设的两个挑战入手，当然，由于学科

① 这里“行为和实验经济学”指的是“行为经济学”和“实验经济学”这两门学科，二者彼此互有交叉，但也有所不同。实验经济学不属于某个特定的研究领域，而是一种可用于任何领域的研究方法，尤其对行为经济学的作用很重要，因为行为经济学所考虑的心理过程很难用显示偏好来直接观察，通过受控实验等方式使得洞察更为深刻、相关变量的控制也更为严格。

和研究问题自身的特殊性在具体的分析和研究中又会区别于行为和实验经济学的视角。

行为和实验经济学为行为运营管理的发展提供了一定的理论基础，其历史可以追溯到诺奖得主 Herbert Simon 和 Daniel Kahneman。Simon（1955）提出有限理性理论，指出人在做决策的时候往往不是完全理性的，一般具有有限处理信息以及解决复杂问题的能力。20 世纪 80 年代 Tversky 和 Kahneman 揭示的启发式决策偏差和前景理论为行为和实验经济学的繁荣兴起奠定了基础。另外，关于人是自私的这一假设，也有越来越多的文献研究指出现实的情形与假设存在系统性偏差。大量的实验结果表明，人们的选择往往没有只考虑自己的收益，比如会关心分配的公平性。在实验经济学中几个重要的行为实验，包括最后通牒博弈（Ultimatum Game）、独裁者博弈（Dictator Game）、礼物交换博弈（Gift Exchange Game）、投资博弈（Investment Game）以及信任博弈（Trust Game）等都证明了人们存在公平性的社会偏好。

于是大量文献开始对有关个体认知层决策以及群体策略互动的问题进行研究，证实了行为倾向的存在，进一步验证人类决策经常偏离传统规范性理论的结论，其中不乏许多经济学和营销学等领域的学者尝试在研究中考虑行为因素并取得显著进展。相对而言，行为运营管理研究仍处于初级阶段，一方面，是因为考虑人的复杂行为因素后，可能会使本来较为复杂的研究的复杂性更为提高；另一方面，这些研究主要贡献一般在于指出行为现象的存在以及完善的思路，仍然需要不同切入点的更多研究贡献，比如对行为因素的原因探讨以及将合理的行为假设纳入模型进行理论上的创新等。尽管研究成果相对传统运营管理较少，但这近二十年的成果集中发表在“*Management Science*”“*Operations Research*”“*Manufacture & Service Operations Management*”“*Production and Operations Management*”等顶级期刊，也引起了国内很多研究机构和科研部分的关注，具有良好的研究前景和重要研究价值。

供应链管理（Supply Chain Management，SCM）也一直是学界和业界关注的重要领域。供应链系统是由供应商、制造商、分销商、零售商以及最终消费者等成员组成的上下游之间的网络结构。而供应链管理，就是为了使整个供应链系统成本达到最小或者收益达到最大而把供应链上下游成员有效地组织在一起来进行的产品制造、转运、分销及销售的管理方法。人的行为在供应链系统中起到重要作用：从企业内部的产品研发、库存管理、生产制造，企业之间的业务外包、转运分销、供应链协调，到企业和消费者之间的产品和服务传递送达，人的决策行为会较大程度影响系统的运转情况，供应链协调的体现也建立在人的基础之上。通过对决策者的现实行为特征的考察，可以更好地开展供应链系统的设计、运营和改善方法研究。

本书会围绕行为运营管理的相关知识，针对上述对人的完全理性假设的两大挑战，提出可行的实验研究和数学建模等科学方法，分析一些在传统理论中被简化甚至忽视的典型的行为因素，研究对于供应链决策者乃至整个供应链的影响。

1.3 产品的差异特征

20世纪90年代以来，随着网络信息化与电子商务的飞速发展，供应链的结构变得更加复杂和多样化。从基本结构要素来看，供应链其实主要由企业和消费者组成。其中，企业主要包括供应商、制造商、分销商和零售商等，作为产品或服务的供给方；而消费者作为产品或服务的需求方，一般处于供应链的终端，也是影响供应链收益的重要因素。消费者的选择和购买行为会对企业的产品、定价、渠道等决策产生影响。近年来，越来越多的供应链研究开始用数学建模的方式分析消费者行为对供应链运营的影响，可以在供应链管理甚至更大的领域指导实证检验。基于一些社会心理学以及行为和实验经济学研究表明，消费者并不一定是完全理性的，可能具有主观能动性和策略行为特征；消费者也并不是完全自私的，具有一定的社会属性。忽略其行为因素会对供应链管理决策产生不良影响，对理论研究的发展产生限制。

市场上消费者的需求丰富和多元化使得企业提供的产品种类越来越多，而产品的差异在一定程度上反映了消费者偏好的差异。在供应链上，在面对上游制造商品牌的销售时，零售商除了订货决策，也会考虑产品的决策。为了提升自身的竞争优势和对制造商的谈判力量，零售商会提供自有品牌的一些产品。一般来说，经济状况会影响自有品牌的优势。根据 Quelch 和 Harding（1996），当经济较为萧条时，自有品牌的市场占有率一般会提升；而当经济景气时，自有品牌市场占有率一般会下降。具体而言，在美国，70 年代到 90 年代，自有品牌的市场占有率大约为超市营业额的 14%，当 1981—1982 年经济不景气时，自有品牌市场占有率上升至 17%，等到 90 年代经济恢复后，自有品牌的占有率却下降了 2%以上。

一开始，市场上的自有品牌绝大多数都是相较于制造商品牌而言质量和价格都较低的产品。可以想象，在刚开始经济不景气的时候，消费者购买力有限，零售商提供一些价格较低的自有品牌也是符合市场行情的。当然，一般来说，零售商引入低质量的自有品牌理论上也是有很多好处的，比如沃尔玛提供的惠宜。首先，零售商通过引入低质量的自有品牌，能够从侵蚀高质量制造商品牌的销量中直接获取部分收益；其次，自有品牌也给零售商带来一些积极的间接效应，比如增强其在供应链中的影响和谈判力量，从而在与制造商的博弈中增加优势，带来更低的批发价格和其他更好的贸易机会（Mills，1995；Narasimhan 和 Wilcox，1998；Dunne 和 Narasimhan，1999；Morton 和 Zettelmeyer，2000；Chintagunta et al.，2002；Ailawadi 和 Harlam，2004；Chen et al.，2011）。

然而这些年，我们也观察零售商引入优质自有品牌的例子，这些产品相比较制造商品牌具有更好的质量和更高的价格（Kumar，2007）。例如，加拿大第一大生鲜超市 Loblaw 自主研发的自有品牌 President's Choice（PC）；美国超市 Whole Foods 在 2013 年引入优质狗粮产品，替换掉其天天平价的宠物食品；Tesco 也开发了 Tesco Finest 系列，产品定价高于同类制造商品牌。对于零售商而言，高质量的自有品牌会带给消费者更高的价值体验和效用，从而吸引更多的高端消费者需求，提升自身的利润空间。并且，在供应链上零售商引入高质量的自有品牌也可能增加自身的谈判和议价能力，获取制造商更大的批发价格让步空间。这些是高质量的自有品牌直观上带来的好处，当然，质量高的自有品牌产品生产成本也会相对较高。因此，对于零售商而言，需要考虑如何引入差异化的自有品牌产品。

对于消费者而言，他们对于存在质量差异的自有品牌和制造商品牌的产品选择购买行为主要取决于两个因素：价格和质量。一般来说，产品的质量越高，消费者感知到的产品价值越高，产生的效用也就越高。对于一些消费者，他们对质量的偏好可能较高，较小的质量差别在消费者的眼中会转变为很大的价格差距；而对于另一些消费者，他们可能对质量的偏好较低，相对而言会更加关心价格的高低。这就涉及消费者偏好的异质性，属于个体异质性差异特征。在建模时我们会考虑品牌产品差异和消费者选择行为，那么对个体异质性差异加以刻画，可能会更贴合实际。

反观制造商，为迎合消费者的多样化需求，经常生产推出自己品牌的多种变体产品。品牌变体产品由于特征不同，其受众群体和市场规模大小也明显不同。除此之外，品牌之间存在竞争，不同品牌间的产品也存在差异。比如，可口可乐公司销售品牌变体产品标准可乐和健怡可乐，百事可乐公司也销售自己的品牌变体产品标准可乐和轻怡可乐。相较于健怡和轻怡可乐市场，标准可乐市场受众群体相对较为广泛，市场规模较大。标准可乐之间存在差异性和竞争替代，健怡和轻怡可乐之间也同样存在差异性。

一般而言，由于品牌变体产品差异的存在，企业一般会采取非均一化价格策略对品牌变体产品进行差异化定价，通过获取更多消费者剩余来增加利润。在传统经济学理论中，差异化定价也是合理的。然而，品牌变体产品具有区别于单一产品的特殊定价现象，在市场上比如沃尔玛超市中，我们可以经常看见品牌变体均一化价格的情况。对于此，学者给予了关于行为的解释，即消费者可能感知到品牌变体产品的非均一价格并不公平，这一公平感知会减少消费者需求（Chen 和 Cui，2013；Okada，2014）。Chen 和 Cui（2013）研究了消费者公平关切行为对于竞争企业价格策略和利润的影响。他们考虑两个竞争企业，每个企业销售各自品牌变体产品。研究发现，当消费者公平关切行为较弱的时候，非均一化价格策略（Non-uniform Pricing Strategy）成为均衡策略；当消费者公平关切行为很强的时候，均一化价格策略（Uniform Pricing Strategy）成为均衡策略，也就是说，品牌变体产品价格相等。因此，消费者的公平关切差异会导致品牌变体产品价格策略的差异。

本书也试图探讨制造商在竞争环境中销售品牌变体产品会如何受到产品差异特征的影响。具体而言，我们考虑非均一化和均一化两种差异化价格策略形式的存在，会如何影响制造商销售品牌变体产品的最优供应链模式。

1.4　考虑人的行为和产品差异研究的价值

传统的供应链研究虽然获得了很多非常有价值的结论，但在某种程度上依靠完全理性下的模型和理论会导致系统性偏差，特别是当面临的决策非常复杂时，这种误差就更为明显。供应链管理是和实践密切相关的学科，也为实践者提供规则和指导意义，然而如果这些模型的建立没有涉及有关行为的因素，其结论和效用在实践中可能确实非常有限。对于理性人的理论假设只是一种理想模式，我们需要识别不同的行为偏好模式，从而对理论有更深层次的认识。

行为运营管理发展的目的也是希望改变因传统运营管理将人的行为过于理想化的假定，而导致有关理论难以预测和解释现实运营系统表现的现状，在学科理论支持方面，认知科学、决策科学、社会心理学、行为和实验经济学领域的方法和成果为行为运营管理研究提供了基础；尤其是这些年行为和实验经济学的发展，为行为运营管理研究的前行提供了值得借鉴的启发和方法。因此，考虑人在实践中的具体行为在供应链研究中是必要的。

本书从企业决策者和消费者两方面行为视角出发，结合Loch和Wu（2007）指出的三种因素的影响，即文化准则、有限理性偏差和社会偏好，考虑实验研究和数学建模等方式针对一些在传统理论中被简化甚至忽视的典型的行为差异特征（重点包括文化差异、个体异质性差异、公平关切差异等）和产品差异特征，研究对于供应链决策者乃至整个供应链的影响。具体包括订货决策问题、自有品牌策略问题以及品牌变体渠道策略问题。

具体来说，本书的研究主要有以下三个方面的意义：

第一，在供应链管理问题中，考察文化差异具有重要管理意义。随着全球经济一体化程度的提升，供应链上的企业需要在跨文化的内外部环境中进行与运营问题相关的决策。一方面，对于跨国公司而言，相关的运营决策显然需要在跨文化的不同环境中完成；另一方面，随着各国之间经贸关系日益密切，企业需要和供应链上的具有不同文化的其他主体进行贸易，比如某些品牌企业会接到来自各个国家经销商的订单。这些企业在进行相关决策时，需要考虑文化差异是否会对决策行为产生重要影响，对于那些面临单一文化环境的企业，其在应用相关理论进行决策时，也需要考虑到文化差异的影响。因为相关理论中关于决策者行为的假设，可能产生于对其他文化背景下决策者行为的归纳，研究成果很可能并不具有普遍性。如果文化差异会对决策行为产生重要影响，而相关理论忽略了这一点，那么直接借鉴相关理论可能就会导致决策存在偏差，而企业以此为根据所做出的运营决策，也就可能会影响资源配置的效率，从而影响企业的绩效表现。

而选取考察中国和美国文化差异对企业决策行为的影响，更是非常重要的。其一，中国的文化环境与美国的文化环境本身都具有很强的代表性，能够充分地体现出东西方文化的差异。其二，两个国家在世界经济活动中都占有举足轻重的地位。目前，美国和中国的 GDP 已经分列世界的前两位。中国的经济飞速发展，在全球经济中的影响力逐渐凸显，成为名副其实的“世界工厂”。其三，中美之间有非常密切的经贸往来。尽管存在中美贸易摩擦的负面影响，中美仍然是对方重要的贸易伙伴国，存在紧密的经济联系。这让我们清楚地认识到了解两个文化背景下的运营管理决策行为差异的重要性。其四，一些美国企业在中国运营的案例也从侧面佐证了我们研究课题的重要性。比如沃尔玛面临的中美文化差异带来的难题。

本书通过在企业订货决策行为研究中考虑文化差异这一影响因素，解释了如跨国企业沃尔玛在中国采购运营中出现的库存问题，丰富了行为运营的相关理论，加强了对文化差异在供应链决策过程中产生影响的理解，也对跨国企业进行雇员甄选和培训提供了管理启示。

第二，研究个体行为或者偏好的异质性是非常必要的。我们知道，个体之间实际上是存在差异性的，传统的研究为了简化分析一般会假设决策者个体是同质化的。然而，许多学科的研究也指出测度个体之间差异性并且利用这些信息来对一些研究结果的波动进行合理解释的重要性。比如，认知心理学和消费者行为的相关研究（Stanovich 和 West，2000；Hansen 和 Singh，2008）指出未观察到的异质性，也被叫作个体差异。在运营管理领域也有一些研究指出研究决策者个体差异的重要性，尤其是当个体差异是系统性且是可以预测的（Bendoly et al.，2006；Croson 和 Donohue，2006）。Su（2008）、Bolton 和 Katok（2008）都提出希望有一些新的理论研究对运营决策的个体差异进行进一步的探索和解释。

忽视个体异质性差异的影响可能会对研究结果造成偏差。因此，本书选择适当的特征维度作为自变量来刻画决策者的异质性，进而研究自变量对于供应链运营决策的影响关系。本书首先在订货决策中讨论了个体认知异质性，证明了个体认知差异和文化差异对报童决策的交互影响作用。其次在零售商引入差异化的自有品牌的研究部分对消费者偏好的异质性差异进行刻画，解释了市场上自有品牌质量差异化策略的内因，丰富了自有品牌引入的理论研究，为零售企业提高竞争力、扩大市场提供了管理建议。

第三，对于消费者而言，品牌产品的差异不仅会影响其个体异质性差异，也会影响他们的社会偏好如公平关切差异。公平是一个非常重要的社会偏好行为特征，在行为和实验经济学和消费者行为学里，公平关切行为受到了极大的关注，在企业实践中也发现公平关切行为的重要影响。国外学者对消费者价格公平感知行为领域的研究进行了将近 40 年，形成了相对成熟的理论。Chen 和 Cui（2013）等研究发现，品牌变体产品在市场上之所以经常存在价格相等的情况，是因为消费者对两种产品价格的公平关切行为的存在且很强。

消费者行为是市场和运作分析中不可忽略的因素，尤其是其行为对运作策略有显著影响时，本书讨论消费者的公平关切行为带来的价格策略差异对于制造商渠道策略的影响。渠道优化与分析是供应链管理和协调中的重要内容之一。尤其是 90 年代以来，随着网络信息化与电子商务的飞速发展，渠道结构设计的重要性越来越引起学者们的关注。对于企业而言，如何设计销售产品的渠道正变得和产品本身的质量一样重要。其一，技术的不断发展使一些新的供应链渠道结构变成了可能。电子商务的发展使得供应链上游越来越重视与市场的直接接触，实际上就是对供应链结构的精简处理，而直销渠道就是其中一种最典型的表现形式。其二，市场需求的丰富和多元化使得企业提供的产品种类越来越多，企业之间也存在着竞争和合作的关系，消费者对产品的感知以及购买选择行为会影响到竞争企业的价格和渠道策略。

对于经典的简单化的渠道分析，多集中在对于直销和分销模式的对比上。分销模式存在一个很经典的问题，就是双边际效应。双边际效应是指供应链上各主体分别追求自身利益的最大化，从而使得供应链整体效益偏离系统理论最优值的现象。直销模式由于省去了零售商的环节，避免了供应链上的双边际效应，从而实现系统最优。所以在理论研究中直销渠道结构一般比分销渠道结构的效率高，零售商的存在带来双边际效应可能降低整条供应链的效率。McGuire 和 Staelin（1983）最早开始研究渠道结构策略，构造了两条竞争的供应链，讨论单个产品的情况。研究表明，当制造商竞争程度非常激烈，产品的替代程度非常高时（事实上这是比较常见的），放弃直销渠道而选择分销渠道不仅是系统的均衡解，也是系统的最优解。而当制造商产品的替代程度降低时，虽然双方均选择直销渠道是系统的均衡解，但却不是最优解，存在囚徒困境问题。对于消费者而言，直销模式会使其获益更高。而当制造商竞争非常激烈，放弃直销渠道而选择分销渠道会使得制造商获取更多利润。

而对于品牌变体产品，以上结论是否还成立并不清楚。考虑消费者对于同品牌下的变体产品的价格会存在公平关切的行为差异，即公平关切行为较弱和较强两种情况下，零售商价格策略制定也对应存在差异影响，分别为非均一化和均一化价格策略形式。我们希望通过分析上述研究问题，给出不同价格形式下的制造商最优渠道策略及其均衡条件，探究品牌变体产品对于渠道策略均衡的影响。

第 2 章

订货策略中的决策者行为

行为和实验经济学的发展对于经济与管理领域各方面的研究都产生了较大影响。将人的行为与认知因素渗透到金融、会计、市场营销、运营管理等研究中，逐步形成和发展了这些学科的行为学子领域。

心理学、社会学与行为和实验经济学等学科的研究成果提供了对人类行为的基本理解，帮助我们在运营管理具体问题中考虑人的行为特征。我们从行为和实验经济学的发展中也可以看出行为运营管理的兴起和发展是学科发展的自然也是必然趋势：传统学科已经形成严格的分析方法和框架，行为科学提供扎实的理论和实证支撑，并且传统假设确实存在缺陷。

前面提到，新古典经济学理论的理性人假设主要从两方面被挑战，一方面是说人都是完全理性做最优化决策的主体，另一方面是说人是自私的，即只关心自己所能获得的收益。这两方面都被心理学与行为和实验经济学在过去几十年的研究成果所挑战。因此，本章我们将考虑上述两方面，对订货策略中的经典报童问题和信息共享问题中国内外的相关研究进行整理，从成熟的行为因素理论出发，利用其相关研究成果，引出传统运营管理的相关问题的重新思考，以得到新的管理启示，进而更好地指导管理实践。

关于行为运营管理普适性的文献综述我们推荐参考国外文献 Bendoly 等（2006，2010），Gino 和 Pisano（2008），Özer 和 Zheng（2012）以及 Hämäläinen 等（2013），另外，国内文献推荐刘作仪和查勇（2009）以及崔崟、陈剑和肖勇波（2011）。

本章我们首先介绍报童问题中的行为研究，包括传统的报童问题及其扩展研究，以及考虑行为因素（主要是有限理性）的报童决策问题。其次介绍供应链预测信息共享问题的行为研究成果，从公平和信任出发对相关文献进行梳理。

2.1　报童问题中的行为研究

报童决策（Newsvendor Problem）是运营管理研究中非常经典和重要的一类订货问题。具体来说，零售商对一类短生命周期产品做出订货决策，以满足未来一段时期内市场对于商品的随机性需求。如果订货过多导致在期末时有商品剩余，则这些商品因为过期等原因以一定的残值被处理；而如果订货不足导致部分需求不能被满足，则会失去本可获得的利润，并且可能承受额外的缺货惩罚。事实上，报童模型的应用非常广泛，比如沃尔玛超市的很多产品可以看作易逝品，其采购过程中出现的缺货或者库存堆积的问题可以应用报童模型进行解释和分析。

报童模型是运营管理领域观察企业行为的透视镜头，所以基于报童决策的实验也提供了从行为视角研究运营管理领域的理论模型的一般化方法，成为行为运营管理领域最早被关注的兴趣点之一。学者们发现管理实践中决策者在类似情境下的决策与理论最优值相差很远（Schweitzer 和 Cachon，2000），他们对报童行为偏差的现象和原因做了一些探讨。事实上，决策者的有限理性偏差存在显著的差异（Bolton 和 Katok，2008）。

在讨论沃尔玛在中国的库存问题时我们提到了文化差异的影响。文化是在一定人群中通过个体学习和社会学习获取和传递的知识，由反映群体经历的规则组成，尽管因为其难以操作化而在运营管理研究中一直被忽略，但在人类学和社会学中相关理论已经有所发展，可以适用于运营管理领域。如果不考虑决策行为在不同文化间的差异，研究成果很可能并不具有普遍性；而企业以此为根据所做出的运营决策，也就可能会影响资源配置的效率，从而影响企业的绩效表现。

另外，大部分研究假设决策者是同质的因而主要考虑其平均行为，决策者异质性差异对行为造成的影响尚没有得到学者充分的重视。事实上，决策者异质性差异的影响是开展行为运营管理研究时必须考虑的一个重要方面。行为决策领域的许多研究表明，异质性会使人和人之间在行为上表现出显著的差异（Stanovich 和 West，2000），而忽视决策者异质性差异的影响可能造成对行为的研究存在偏差。

基于此，本书希望研究人的异质性差异会对报童决策行为产生何种影响。在提出这一概括性的研究目标之后，还要选择适当的特征维度作为自变量来刻画决策者的异质性，进而研究自变量对于报童决策行为的影响关系。报童决策属于个体决策，我们从有限理性偏差这一因素出发，具体考虑个体认知的异质性差异对报童决策的影响。个体认知差异可以看作人的有限理性的异质性差异，我们考虑人在报童决策中的有限理性行为，很自然地也会探求个体认知水平的异质性差异对订货量的影响。

本章在报童决策行为研究和供应链预测信息共享行为研究的文献归纳中均纳入文化差异这一影响因素，也是在有限理性偏差和社会偏好之外的另一个重要层次。报童问题是运营管理研究尤其是库存研究中的重要内容之一。在本节中，我们首先回顾经典报童模型的提出和研究扩展，接下来我们针对有限理性的行为因素，讨论报童问题中行为研究的特点及已有研究成果。

2.1.1　报童决策问题

在库存管理领域中，Arrow 等（1951）、Morse 和 Kimbal（1951）最早对经典报童问题进行了开创性的研究工作，他们提出了经典报童模型（Classical Newsvendor Model），对问题进行刻画并且求解出期望利润最大化的订货量，使得这一问题开始得到广泛的重视。报童问题是典型的单周期随机需求模型，旨在寻找产品最优订货量来最大化期望收益或最小化期望损失。报童模型反映了许多现实情况，在诸多领域中都可以应用，比如时尚快销行业、制造及零售业的辅助决策、航空和旅馆的管理等。

在经典报童模型中，已知的参数包括：r 为单位产品销售收入，c 为单位产品采购成本，s 为单位产品残值，p 为单位产品缺货惩罚；需求 D 为随机变量，其累计分布函数为 $F(x)$、概率密度函数为 $f(x)$。为了方便理解，记 Cu 为单位商品的缺货成本，Co 为单位商品的积压成本，则有 $Cu=r-c+p$，$Co=c-s$。使得期望利润最大化的订货量为：$Q^*=F^{-1}[(r+p-c)/(r+p-s)]=F^{-1}[Cu/(Cu+Co)]$。

报童模型从被提出就成为库存研究领域的关注点，有大量的研究文献及综述，许多学者对经典报童问题进行了扩展研究，并且取得了非常丰富的成果。Khouja（1999）详细综述了对扩展报童问题的研究，这些工作包括：对于目标函数和效用函数的扩展，对于供应商价格策略的扩展，对于零售商价格策略的扩展，扩展到随机产量问题，具有替代的多产品问题，以及多层次系统、多地点、多周期问题等。包括后来的研究也是从以上方面进行扩展，比如 Dana 和 Petruzzi（2001）对模型参数及决策变量进行扩展，考虑消费者的购买决策，建立对价格和库存水平进行决策使期望效用最大的报童模型；Cherikh（2000）、Lin 等（2001）对约束条件进行扩展，分别从多点间需求的重新分配、各点需求的相关性等方面进行研究；Erlebacher（2000）对模型求解方法进行扩展，提出了对多产品带能力约束的报童模型的优化启发式算法。

2.1.2 报童决策行为研究

从上一小节我们看出，虽然关于报童问题已经取得了很多理论成果，但是一些学者发现管理实践中决策者在类似情境下的决策与理论最优值相差很远，比如 Fisher 和 Raman（1996）。21 世纪以来，运营管理研究开始逐步关注决策者的行为特征，掀起行为运营管理研究的热潮，报童决策行为研究开始得到学者们的关注并成为热点问题之一。

新古典经济学理论假设人都是完美的最优化决策者，也就是说他们可以从观察中完美推断信息并无差错地解决任何复杂决策问题。我们知道，现实和这些假设是非常不同的，人在做决策的时候往往不能最优化自己的决策。人在做决策的时候往往不是完全理性的，即有限理性。Simon（1955）提出有限理性理论，指出人在做决策的时候往往不是完全理性的，一般具有有限处理信息以及解决复杂问题的能力。Kahneman 和 Tversky（1979）提出的前景理论（Prospect Theory），也是对期望效用理论的纠正和发展，主要思想是说人们对结果的评价是基于和主观参照点的比较而不是根据这个结果本身来评价，提出“损失厌恶”、收益时风险规避和损失时风险追逐。在此基础上，Kahneman 和 Tversky 又归纳出框架效应（Framing Effect），主要是说同样一个决策问题如果用不同的表述方法可能会给决策者产生不同甚至是相反的偏好。前景理论是行为经济学发展兴起的奠基之作，具体成果推荐参看 Kahneman 和 Tversky（1979）以及 Tversky 和 Kahneman（1992），这里不做赘述。

行为和实验经济学中用来刻画人有限理性有两个经典模型——Level-k Thinking 和 Quantal Response Equilibrium（QRE），这两个模型在经济学中经常用来描述博弈中的行为特征，当然也有学者用来研究一些非博弈的决策行为。

Level-k Thinking 这个术语是由 Stahl 和 Wilson（1995）引入的，主要挑战的是博弈论中博弈双方都有无穷层级的推导演绎能力这一假设，提出人在推导演绎上的能力是不同的，比如一个 Level-0 的决策者完全随机和等概率在选择集中进行选择，Level-1 的决策者认为对方是 Level-0 类型因而对此类型做出最优反应。这一挑战也得到了很多学者实验结果的证明（Nagel，1995；Stahl 和 Wilson，1995；Ho et al.，1998；Crawford 和 Iriberri，2007）。

另外，McKelvey 和 Palfrey（1995）引入的 QRE 模型也是一个重要里程碑，他们指出人在做决策的时候是容易出错误的，尽管期望意义上带来高收益的选项更容易被选择。和 Level-k Thinking 不同的是，QRE 模型仍然遵从无穷层级推导演绎能力，主要放松了最优化选择这个假设，而 Level-k Thinking 假设决策者是有限推导演绎能力但是在每个层级上都做完美最优决策。本书在考虑行为因素对个体决策的影响中考察关于人在认知上的个体差异因素实质上和 Level-k Thinking 的观点类似，即人的认知是有层级差别的，不同层级的认知水平对应的决策绩效是不同的，在接下来的论述中会提到。关于 Level-k Thinking 和 QRE 模型详细可参看 Stahl 和 Wilson（1995）、McKelvey 和 Palfrey（1995）。

基于上述有限理性行为因素，学者们针对报童问题做了大量有限理性行为的实证类研究。首先介绍与本书研究密切相关的“偏向均值”（Pull-to-center）效应。Schweitzer 和 Cachon（2000）先锋开启行为运营管理研究，指出决策者经常会选择一个在需求均值和理论最优值之间的订货水平，也就是“偏向均值”效应。他们利用 30 期的重复实验研究发现决策者在实验情境下所做出的决策明显偏离理论最优值而向需求均值靠近，即其经常会选择一个在需求均值和理论最优值之间的订货水平。Schweitzer 和 Cachon（2000）基于“锚定效应”（Anchor on Mean）解释决策者有限理性行为，即决策者们将均值作为了参考的锚，从而影响了自己的决策。他们利用实验数据检验了这一假设的合理性，并且还发现，偏向均值这一现象无法用风险规避、风险偏好、前景理论（Prospect Theory）、浪费规避、缺货规避、对机会成本估计不足等理由进行解释。“偏向均值”效应是在有限理性决策行为中得到最为广泛验证的行为特征。这一发现有力地说明，现实中的决策行为与最大化期望利润的理性行为有很大差别。

Bolton 和 Katok（2008）、Benzion 等（2008）进一步进行实

验研究验证了上述现象。针对验证观察行为的不同解释，出现了一些有价值的研究，比如 Bostian 等（2008）建立了适应性学习模型考虑记忆和概率选择来解释这些决策；Gavirneni 和 Alice（2008）用实验研究决策者搜寻信息过程，发现大多数决策者在决策过程中会主动搜集商品价格和需求分布此类比较基本的数量信息，但很少搜集较为发散但重要的如数量折扣和质量问题等信息，并且决策者尽管意识到了缺货成本和库存积压成本，但是不能将其正确处理以得到最优解；Su（2008）认为前面讲到的 QRE 模型可以解释决策者在订货中偏向均值的行为，通过在报童问题中建立 QRE 模型，从理论层面和实验层面研究证实了在需求是均匀分布时假设的合理性，同时还利用算例证明当需求分布是三角分布时，这一解释依然成立；Gavirneni 和 Xia（2009）细致地考察了锚定效应的影响强度，通过实验研究发现，当决策者面临多个可能的锚定值时（如需求均值、最大最小值、咨询顾问的建议值），他们不会固定地锚定某一类值，而是会选择与最优解接近的锚定值；Ho 等（2010）指出人会产生缺货和积压的心理成本，进而影响决策行为；Ren 和 Croson（2013）假设决策者对于需求方差估计过分自信，产生偏离最优订货量的决策。在这里我们同样推荐 Bendoly 等（2006，2010）、Gino 和 Pisano（2008）关于行为运营管理的综述。

上述实证类研究主要集中于研究“偏向均值”效应的现象和一些共性的解释，假设决策者都是同质的，并没有考察不同决策群体之间行为的差异性以及影响差异性的因素。因此，学者们试图考察差异性因素的影响，多数基于心理学、社会科学、管理学以及行为决策科学等学科已有理论，选择差异性决定变量，通过实验验证提出的假设，得出结论。市场营销领域的一些学者强调在研究消费者行为时考虑异质性的重要性，比如 Hutchinson 等（2000）。在报童决策行为研究中，Bolton 和 Katok（2008）曾经建议，相关的库存管理理论研究应该考虑决策者之间的行为差异。

其中，学者们提出个体认知水平和跨文化差异等因素的重要性，为理论补充和企业管理实践提出有价值的参考信息。首先，认知差异作为行为决策中的个体差异的重要因素（Zmud，1979；Parker 和 Fischhoff，2005），Moritz 等（2013）基于双加工理论（Dual Process Theory），考察了认知思考方式对决策的影响，其实是利用前面讲到的 Level-k Thinking 的思想。他们通过实验研究发现，决策者在认知思考中越注重理性分析，其决策绩效越高、锚定效应强度越低。

另外，经济全球化给供应链管理带来全新的挑战，要求我们了解不同文化背景的决策者的行为差异，这对于供应链效率的提高非常重要。Metters 等（2010）指出文化差异对于运营管理的决策产生影响，需要进行考虑。在行为决策科学领域中，Yates 等（1997）发现文化差异会导致人们在对待常识问题时过度自信的程度显著不同；Hsee 和 Weber（1998）发现文化差异对人们的风险感知存在显著影响；在信息系统研究中，Martinsons 和 Davison（2007）发现文化差异对人们的战略决策行为有显著影响。在运营管理领域，我们知道大多数行为运作研究都是集中于美国决策者的行为研究，那么对于中国决策者而言，其订货行为和美国决策者有哪些差异，是否更理性认知的决策者也会有更好的表现，在不同的认知层级上中美决策者的订货行为是否一致等，都是我们希望关心的问题。

然而，目前为止只有三篇行为运营管理的文章我们了解到是研究跨文化差异的，分别是 Feng 等（2011）、Cui 等（2013）和 Özer 等（2014）。Feng 等（2011）考虑中国文化提倡“中庸之道”，提出假设认为中国决策者的偏向均值效应相比美国决策者应该更加明显，在中国进行 Bolton 和 Katok（2008）的实验，结果支持假设的合理性；Cui 等（2013）采用开放口语记录分析发现中美决策者在信息搜集行为中的显著差异；Özer 等（2014）则研究了跨文化供应链中供应链成员的文化背景对信任和预测信息共享行为的影响，发现中国决策者面对美国伙伴时相对于面对中国伙伴反而展示出更多的信任。

行为运营管理研究从 21 世纪初才开始发展起来，最开始的大量研究主要集中于对报童决策问题的探讨上。一是因为报童模型非常贴近现实问题，分析价值高；二是因为报童模型便于分析和实验操作。人们越来越认识到，在运营管理问题的分析上，考虑行为因素的影响是非常关键的。“偏向均值”效应的发现有力地说明现实中的决策行为与最大化期望利润的理性行为存在很大差别。基于此，学者们开始探讨报童问题中的行为现象，观察行为的不同解释进行验证。然而，大量文献主要集中于研究“偏向均值”效应的现象和一些共性的解释，即假设决策者都是同质的，并没有考察不同决策群体之间行为的差异性以及影响差异性的因素。关于考察决策者异质性的行为因素，学者们提出个体认知水平和跨文化差异等因素的重要性，为理论补充和企业管理实践提出有价值的参考信息。

综上，本书会沿着不同决策群体之间行为的差异性以及影响差异性的因素这一系列的研究，从个体认知差异和文化差异两方面行为因素入手，主要考察中国管理决策者的“偏向均值”效应以及针对影响其差异化的个体认知因素和文化差异因素等进行具体和交互的研究分析。我们通过邀请中国管理者参与实验，试图比较中美决策者的行为差异。首先我们将每个文化群体的决策者放在一个整体来对比，然后通过认知差异拆分群体来分别进行中美决策者行为的比较，同样我们也将文化差异作为调节变量来分析认知差异对决策行为的影响。值得一提的是，我们的实验虽然不是一个完全的田野实验，但是类似于一个田野环境中的实验室实验，具有田野实验贴合实际外在效度高的优势。具体内容会在第 3 章进行阐述。

2.2 供应链预测信息共享问题中的行为研究

供应链上的预测信息共享问题是供应链管理问题的研究者和实践者普遍关心的问题。考虑一条供应链，包含上游制造商和下游的零售商，制造商希望通过零售商提供的需求预测信息进行自己的产品生产计划，因为零售商靠近市场，具有更加完备的市场需求信息。研究表明，在这个过程中，零售商经常会夸大市场需求的信息来操纵制造商提供足够多的产品储备，所以实质上类似的无成本的信息沟通是不可信的。为了克服此类问题的发生，近年来，学者对供应链上的机制和合同设计进行研究，希望通过让双方的利益进行协调统一来优化供应链的信息传递，也有学者对供应链双方的长期关系和重复博弈进行研究，提出在这种情境下可以导出可信的信息传递。

然而，尽管存在上述供应链信息传递上的问题，我们可以看到现实中很多企业仍然在简单的价格合同下进行有效的信息传递和共享，并没有复杂的机制设计。学者们从行为视角对供应链预测信息的有效传递进行研究，主要有 Özer 和 Zheng 从理论和实验上对供应链上的信任行为进行研究，得出信任对信息传递有效性的影响的结论。

近年来，已经有大量学者开始研究供应链上的预测信息共享问题，尤其是考虑不对称信息下的策略互动。学者应用经典的博弈论方法，证明预测信息的沟通是不具有信息含量的。因此，学者们集中研究如何来引导可信的信息共享的契约设计和机制设计等（Cachon 和 Lariviere，2001；Corbett et al.，2004；Özer 和 Wei，2006；Li 和 Zhang，2008）。尽管供应链双方依靠制定完备的合同可以减少风险和促进合作，然而在现实的供应链系统中，双方经常无法事先制定完备合同，尤其是在预测信息共享问题中，双方通常只是达成无成本、无约束力、不可证实的口头合同，而这种口头合同在很多情况下被发现是有效果的，使用非常广泛。基于此，Ren 等（2010）提出说在供应链双方的长期关系中，预测信息共享可以做到相对有效率和包含真实信息的；Özer 等（2011）开始研究信任这一行为特征在不存在复杂合同机制和声誉问题的预测信息共享中的影响；Özer 等（2014）通过实验研究文化差异对跨文化供应链成员间信任和预测信息共享的影响。

因此，考察供应链预测信息共享问题中的行为研究，沿着这条线来进一步挖掘探索影响预测信息共享的最根本和最原始的行为因素，可以对供应链预测信息共享问题研究进行补充。

作为一个非常重要的行为特征，公平在心理学、经济学、运营管理、营销学等不同学科都有很长时间的研究，一直是对于研究者和实践者最重要且活跃的研究问题之一（Kahneman et al.，1986a，1986b；Fehr 和 Schmidt，1999；Charness 和 Rabin，2002；Xia et al.，2004；Cui et al.，2007；Ho 和 Su，2009）。有文献指出企业会受到商业关系中的公平关切的影响，比如说供应链环境。Anderson 和 Weitz（1992）指出公平关切的声誉会提高企业之间的合作关系；Kumar（1996）、Scheer 等（2003）也发现供应链双方为了对方的利益牺牲自身利益的公平关切行为。Cui 等（2007）分析供应链成员的公平关切行为对供应链协调的影响，根据 Fehr 和 Schmidt（1999）的不平等厌恶的概念，通过对公平进行建模，指出如果零售商或者供应链双方具有公平关切行为，简单的批发价格契约就可以实现供应链协调，这不仅在理论研究上具有贡献，由于批发价格在现实中的广泛应用，所以在实践中也具有重要价值。Pavlov 和 Katok（2009）、Tamura（2005）也将公平关切行为考虑到决策分析和供应链环境中。基于此，如何把公平关切纳入预测信息共享问题的分析中，可以填补这部分研究领域的一个空白。

除了公平关切，信任也是影响人的行为的很重要的非经济利益因素。行为和实验经济学首先使用投资博弈实验证明了信任的存在性。投资博弈是具有财富的投资方决定投资多少，然后受托方收到的财富为投资额的倍数（大于1），进而决定返还多少给投资方。我们可以看出投资博弈的子博弈完美纳什均衡是投资方不投资受托方也不返还。然而，实验结果表明这一结论是不成立的，即使不考虑名誉、合同强制以及惩罚，投资方仍然会投资一半左右的财富，而受托方也会返还同样数量给投资方，实验结果在不同文化和社会群体之间都得到了验证（Berg et al.，1995；Croson 和 Buchan，1999；Fehr 和 List，2004；Holm 和 Nystedt，2005）。学者们进一步研究了影响信任的一些因素，如 Bohnet 和 Zeckhauser（2004）指出背叛厌恶的心理成本是影响信任行为的主要因素之一。Ho 和 Weigelt（2005）认为信任来源于信任这一行为带来的未来期望收益。Ashraf 等（2006）发现影响信任的另一个重要因素是个人遵从的社会规范和价值观产生的一种无条件的好心行为。

除了经济学和社会学对信任的研究，信息系统和营销学也有大量研究对信任的重要性进行了强调。信任对于消费者购买行为的满意和忠诚度以及市场效率的提高都起到重要作用（Urban et al.，2000；Balasubramanian et al.，2003）。有学者研究如何建立消费者对卖方的信任机制，通过一些实证研究调查信任对产品价格溢价和卖方利润的作用（Doney 和 Cannon，1997，Ba 和 Pavlou，2002；Pavlou 和 Dimoka，2006；Baye 和 Morgan，2009；Gefen 和 Pavlou，2012）。例如，Doney 和 Cannon（1997）对信任建立过程进行分析，预测消费者对卖方的可靠性和善意两方面的信任行为；Pavlou 和 Dimoka（2006）则指出消费者对卖方可靠性和善意两方面的信任行为可以影响卖方溢价，使得卖方可以从建立信任机制来获得溢价带来的利润好处。

另外，还有一些学者研究信任行为对经济学中“口头”（Cheap Talk）行为的影响。Cheap Talk 是一种无成本、无约束力、不可证实的口头沟通方式。Gneezy（2005）研究说人对撒谎是厌恶的，尤其是如果撒谎会给被撒谎的人带来很大的损失的情况下。供应链预测信息共享问题实际上也是一个 Cheap Talk 问题，信任在供应链预测信息共享问题中的研究主要体现在以下两篇文章，Özer 等（2011）研究企业产能决策问题，企业从顾客那里得到预测需求信息来帮助决策产量，研究发现企业和顾客之间存在着相互信任，从而可以促进信息的有效沟通和市场效率的提高；Özer 等（2014）通过对供应链预测信息共享行为进行跨文化实验研究，调查文化差异如何影响供应链双方的信任行为。我们认为，供应链预测信息共享问题中的行为因素值得深入研究，基于信任行为在上述研究中得到了支持，那么背后的行为逻辑是什么，公平关切行为会对预测信息共享行为有怎样的影响，公平和信任有什么关系，值得我们探索。

我们也可以看到学者研究公平对信任和合作的影响。前面提到社会科学和经济学对信任的研究，比如投资博弈和信任博弈的大量实验结果。那么学者也指出公平关切是影响信任建立的重要因素（Lind 和 Tyler，1988；Pillai et al.，1999；Culnan

和 Armstrong，1999）。You（2005）指出公平分布能够产生人与人之间的信任和诚信行为；Wagner 等（2011）也调查了影响买卖双方合作关系的因素，比如公平和信任。

本书提出考虑公平关切和信任对于供应链上信息共享预测的影响，对于前人的学术研究可以有两方面的贡献：一方面，可以将基础的行为因素——公平关切考虑在供应链预测信息共享的建模分析中。尽管已经有丰富的关于公平的定性和定量研究，然而在预测信息共享问题上并没有相关的理论分析。另一方面，也可以进行一些实验研究，运用不同组别的数据进行估计和分析公平和文化对实验结果的影响。

我们知道，供应链预测信息共享问题一方面实际上是群体层次上的互动决策问题，考虑人的社会偏好，可以体现在建模分析和实验研究中；另一方面该问题中的订货问题其实是报童问题，所以在研究中也可以考虑人的有限理性偏差，主要在实验研究中体现。同时，还可以考虑文化差异这一研究层次，之前的内容也论述了涵盖文化差异这一因素的意义，同样在实验研究中体现。具体地，可以通过建模分析考虑供应链成员间的公平关切对信息共享的影响，以及通过跨文化实验研究分析模型参数拟合情况，深挖预测信息共享行为背后逻辑，将模型一般化以便于更加有效地应用于不同的场景，这也是学术研究以及管理实践中急需解决的重要问题。

目前在运营管理领域关于供应链需求预测信息共享的行为

研究在国内并不是很多，而国外研究也属于探索期，这也和行为运作这一领域的成熟过程密切相关。相关的实证研究和数量模型研究都有很大的挖掘潜力和空间。我们希望看到更多的研究借助于模型研究和实证研究的方法，讨论行为背后最原始的逻辑，不仅可以推动理论创新，也具有实际指导意义。

从理论研究角度上，希望通过建立公平和信任行为的模型来对供应链上预测信息共享问题进行解释，尤其是公平行为的刻画，并且通过实验数据对行为因素的拟合，观察模型的准确性和适用性。前人对预测信息共享模型研究中并未涉及对公平行为的探讨，但是公平关切行为的重要性是客观存在的，供应链双方的公平关切行为会影响其合作和信息共享决策。

从实践意义角度看，一是在实际的商业场景中，模型对于信息共享的管理和有效的机制设计具有指导意义，尤其是在公平关切行为需要考虑的环境中。二是在上面关于文化差异的意义中也提到，中国企业在全球化的进程中不断与国际先进企业接轨，国际市场地位逐步提高，但是在管理实践中存在着很多不同于西方发达国家的本土实际问题，中美的文化差异如何影响供应链上的预测信息共享行为，是否具有一定的普适性，具有探索的价值。

第3章

人的个体和文化差异对报童决策的影响

关于报童问题，学者们相继取得了丰富的理论成果，但慢慢发现管理实践中决策者在类似情境下的决策与理论最优值相差很远（Schweitzer 和 Cachon，2000）。学者们对报童行为偏差的现象和原因做了一些探讨，我们在前一章对这部分文献进行了梳理。

之前大部分研究假设决策者是同质的，因而主要考虑决策者的平均行为。尽管有一些研究已经观察到个体之间订货行为的差异，但是较少有去解释这种个体差异和相关因素，决策者异质性对行为造成的影响尚没有得到学者充分的重视。已有的一些报童决策行为研究发现，决策者在实验中的行为存在显著的差异（Bolton 和 Katok，2008；Gavirneni 和 Isen，2010）。事实上，决策者异质性对行为的影响是开展行为运营管理研究时必须考虑的一个重要方面，正如第 2 章所述。

出于对上述原因的考虑，本章希望研究决策者异质性会对报童决策行为产生何种影响。报童决策属于个体决策，而个体认知方式建构的差异可以看作个体决策和判断差异的异质性，认知方式也被认为是行为决策研究中与个体差异最为相关的方面（Zmud，1979；Parker 和 Fischhoff，2005；Hämäläinen et al.，2013）。Moritz 等（2013）指出，个体认知方式差异很好地解释了决策者在报童问题中偏离最优订货量的行为差异，其研究结果显示，具有较高认知水平的个体在报童决策中表现会更好。因此，我们选择个体认知差异这一特征维度来刻画决策者的个体异质性，进而探求报童决策中的有限理性行为偏差。

另外，文化由反映群体经历的规则组成，尽管其难以操作化而在运营管理研究中一直被忽略，但 Loch 和 Wu（2005）指出，考察文化影响的行为运营管理研究极具价值。相关领域的研究成果也表明，文化差异会对人的行为产生重大影响。

在本章，我们主要针对行为决策问题中非常经典的报童决策问题来展开实验研究，来考虑个体认知差异和文化差异两者对于报童决策行为的影响。我们对之前的文献进行梳理发现，有不少的文献研究个体认知差异对于决策行为的影响，也有大量决策科学文献研究文化差异的影响，但是把二者结合起来研究的文献比较少，尤其是在运作决策问题上就更为缺乏。如图 3.1 所示，我们的研究动机就是在运营决策领域经典的报童决策问题中研究个体认知差异和文化差异这二者的影响。

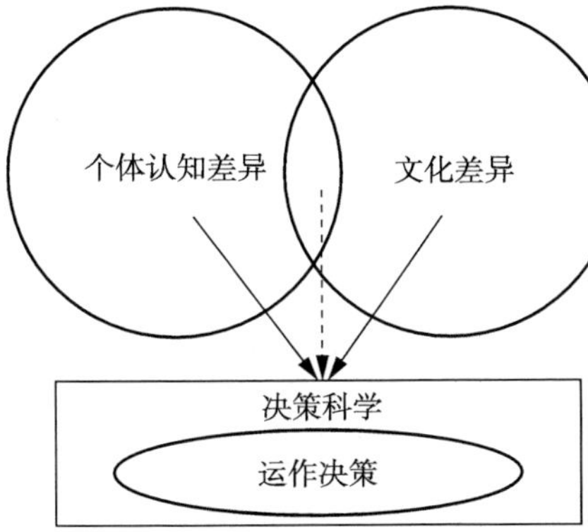

图 3.1　报童决策问题研究动机

前面也提到，我们选取中国决策者和美国决策者行为进行对比主要有几个方面的好处。我们首先将中美每个群体作为一个整体，对其决策结果进行一些比较；其次将两组群体通过不同认知水平拆成一些小组来观察中美决策者之间的行为差异，用来研究个体差异或者文化差异的调节作用。通过这样的方法，我们试图回答三个重要的问题：不同文化背景的决策者的报童订货决策有什么不同，如何受到文化差异的影响；如果加入认知差异的作用，文化差异的影响怎么变化；个体认知差异和文化差异如何交互影响报童决策的表现。

我们在报童模型的高边际情境下进行了相关的决策实验，这一情境也是 Moritz 等（2013）研究中的重点内容，邀请的参与者数量最多。在讨论实验设置和分析的细节之前，我们首先简短地总结一下我们的主要结论和对于前人研究的贡献。第一，相对于美国实验决策者，我们发现中国实验决策者呈现更高的需求追逐程度，订货量更偏离理论最优值而趋近于需求均值，所得的期望利润更低，且呈现出更高的订货量方差。第二，在将每个文化群体按照认知差异（Cognitive Reflection Test，CRT）得分进行分组进行比较的情况下，上述结论却并不完全一致，我们观察到个体认知差异对文化差异影响的调节作用。第三，尽管个体差异在美国实验者的决策表现中呈现较为显著的影响，而在中国实验者中却影响的显著性较弱；这一结果表明文化差异也会调节个体差异对于报童决策的影响。据笔者了解到，本章内容是同时讨论文化差异和个体差异的研究，对于报童决策提供了更新和更为全面的理解。

本章的内容安排如下：第 3.1 节，将从以往理论研究出发，建立本章理论假设；第 3.2 节对实验设计和实验被试进行描述；第 3.3 节，主要讨论实验结果，检验理论假设是否成立；第 3.4 节总结本章结果的理论和现实意义；第 3.5 节提供一些对于未来相关研究的建议和思路。

3.1　理论基础和假设建立

本章研究属于实证研究，基本方法是：基于对经典报童决策的挑战，我们提出本章的研究问题，结合已有的理论和发现提出假设，再通过实验验证假设，最后分析假设成立（或不成立）的理论原因。本章研究的核心问题是要考察个体认知差异和文化差异对于报童决策行为偏差的交互影响，具体表现在需求追逐行为、订货量、期望利润和订货量方差四个方面。那么，基于记录完好的心理学和社会科学的丰富理论，我们梳理和归纳出本章的四个假设，如图3.2所示。其中前两个假设主要着力于中国实验者的平均意义上的报童行为表现，与美国实验者的结果进行对比；后两个假设则着眼于本章核心问题，即个体差异和文化差异对报童决策行为的交互作用。下面我们具体介绍每个假设建立的理论依据。

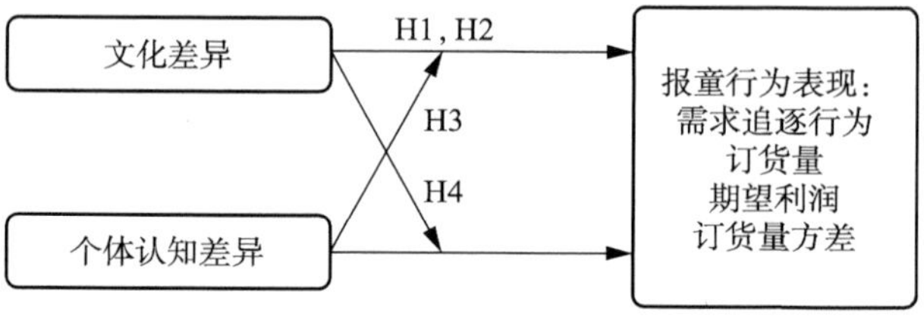

图 3.2 假设建立关系

资料来源：Moritz 等（2013）.

首先，我们考察中美实验决策者的需求追逐行为表现。Bostian 等（2008）定义需求追逐行为是锚定前一期订货量而根据前期需求的实现来调整自己当期的订货量的趋势。根据需求实现调整订货量的程度越高，需求追逐效应就越明显。我们推断中国决策者相对美国决策者而言会呈现更高的需求追逐程度，主要归因于以下两个方面：其一，Peng 和 Nisbett（1999）、Nisbett 等（2001）指出中美被试在判断和决策制定之间的文化差异可以宽泛地归结为整体性和分析性的差异。他们定义整体性为习惯将注意力放在情境和上下文背景中，更倾向于根据焦点和其情境背景之间的关系来做预测和解释，相较于抽象逻辑，可能对于经验所形成的知识更加依赖。相反地，分析性被定义为可以从情境和背景中抽离出来，更倾向于根据规则来做预测和解释，更多地依赖规范的逻辑。中国决策者被认为更加整体主义且较少使用逻辑，相对而言，美国决策者在认知类型上更加理性和善于分析（Peng 和 Nisbett，1999；Nisbett et al.，2001；Nisbett 和 Miyamoto，2005）。由于需求追逐效应是一种快捷的决策行为方式，呈现的往往是次优解，因而认知类型上更加主观整体的中国决策者会更加容易根据前期需求进行调整而呈现出更明显的需求追逐趋势。

其二，Norenzayan 和 Nisbett（2000）、Kitayama 等（2003）发现美国决策者更容易聚焦在主要问题上，而中国决策者对上下文的情景信息比较敏感，也就是主要信息周围的信息。而在报童问题中，前期的需求实现实质上并不影响理论最优订货值，可以被看作上下文情景信息。报童问题可以被看作是一项主要焦点目标是最大化期望利润的“绝对任务”，而这一视角要求做订货决策时尽可能忽略上下文干扰的情境信息。Kitayama 等（2003）、Nisbett 和 Miyamoto（2005）指出，在此类任务中，美国被试比中国被试的决策表现好。因此，我们推测中国决策者更容易关注前期的需求实现信息，从而呈现出更明显的需求追逐趋势。基于上述理论依据，我们提出以下假设：

假设1：在报童决策问题中，相比较于美国决策者，中国决策者会呈现更高的需求追逐程度。

其次，我们考察中美实验者的订货量、期望利润和订货量方差三个报童决策任务表现对比。在报童问题中，偏向均值效应，即平均订货量介于需求均值和理论最优订货量之间，在大量实验结果中得到观察（Schweitzer 和 Cachon，2000；Feng et al.，2011；Ren 和 Croson，2013；Özer et al.，2014）。Schweitzer 和 Cachon（2000）提出“锚定效应”这一启发式偏差来解释决策者锚定在需求均值然后向最优订货量做一定程度的调整。关于中国决策者订货量更趋近于需求均值的推测有以下三个方面的原因：

第一，我们知道，中庸文化扎根于儒家思想，这种传统文化很大程度影响我国决策者的思维和行为方式（Chang 和 Yang，2014）。Chiu（2000）将中庸思想刻画为“整体性信息处理和实施计划中规避极端性”这一特征。中庸文化中提倡“不偏不倚，坚持中道，调整距离”等①，中国被试因为具有中庸思维会更加抑制极端行为的发生（Wu 和 Lin，2005）。在我们的报童决策场景中，这一行为可以用来解释中国实验者的需求均值“锚定效应”可能更强，订货量更加趋近于需求均值（Feng et al.，2011）。

第二，中国文化中的过分自信也会影响订货量趋于需求均值。Ren 和 Croson（2013）指出决策者存在过分自信的偏差，也就是会低估需求的方差，引起其决策更趋近于需求均值而偏离最优订货量。从 1976 年 Barrett 和 Bass 在 *Handbook of Industrial and Organizational Psychology* 一书中第一次在决策行为中讨论跨文化因素，到 2000 年为止研究文化与决策行为的研究也并不是很多。其中关于过分自信在决策判断中的跨文化研究（主要来源于 Yates 和他的合作者）算是早期跨文化决策研究中具有重要贡献的部分。我们可以从

① 出处：《论语·庸也》：“中庸之为德也，其至矣乎”；《中庸》：“喜怒哀乐之未发，谓之中；发而皆中节，谓之和。中也者，天下之大本也；和也者，天下之达道也。”

过分自信的跨文化研究中发现在基本的决策判断任务中，中国决策者的过分自信偏差相对于美国决策者是更强的，如 Yates 等（1989）发现中国决策者相对于美国决策者在面对常识问题时对自己的答案准确度拥有更高的自信水平。就回答问题风格而言，中国决策者在决策场景中就是比美国决策者更为自信。他们认为这可能和中国总是鼓励学生遵循传统不会去批判和挑战前人观点的教育方式有关，这种批判性思维方式的差异可能会导致过分自信行为的差异。基于此，我们可以推断中国决策者的过分自信可能会导致其对需求方差的低估，使得订货量更趋于需求均值。

第三，由于中国决策者相较于美国决策者而言在认知类型上理性分析和逻辑性较少（Nisbett et al.，2001），因而我们预期中国决策者能够克服“锚定均值效应”的启发式思维的空间更少，所以推测中国决策者的订货量会更趋近于需求均值。

假设 2a：在报童决策问题中，相比较于美国决策者，中国决策者的订货量更偏离理论最优值而趋近于需求均值。

在假设 2a 中，我们假设中国被试的订货量会更趋近于需求均值而美国被试的订货量会更趋近于最优值（即最大化期望利润的订货量）。基于此，我们推测中国被试所得的期望利润相较于美国被试更低，提出如下假设：

假设 2b：在报童决策问题中，相比较于美国决策者，中国决策者所得的期望利润更低。

假设 2c 主要是针对中国实验者的订货量方差的表现。这里的订货量方差指的是决策者在多个周期重复决策订货量的方差。对上下文情境信息的较高关注（而不是对于最优化这一主要问题的关注）以及较少的理性分析的决策类型可能会造成中国决策者的订货量方差相对较高。上面提到中国被试对于情境信息相较于实现最优化目标本身可能会花更多的注意力，比如上一期的实际需求信息。进一步，Nisbett 等（2001）、Ferris 等（2018）提出中国被试更加认为事情之间有关联，是动态变化的；而美国被试更倾向于认为事情的无关性和相对稳定性。因此，我们推测中国实验者相较于美国实验者会呈现更高的订货量方差。实际上，这一差异也可以从上述中美文化之间整体性和分析性的对比中有所体现。

我们通过 Hofstede（1980）提出的不确定性规避也可以推断出中国实验者的订货量方差更高。不确定性规避用来测度在缺乏信息时人们对不确定性的忍受程度。在报童问题中，订货量方差较大程度反映了市场的不确定性。Hofstede（1980）提出，拥有更低的不确定性规避的个体会较少呈现稳定的行为，其首次指出相较于中国被试，美国被试更厌恶不确定性。在此基础上，我们也可以认为中国实验者会呈现更高的订货量方差。

假设 2c：在报童决策问题中，相比较于美国决策者，中国决策者会呈现出更高的订货量方差。

以上两个假设是将中美决策者各自作为一个整体来观察平均意义上的行为表现。然而，文化差异对报童决策行为的影响可能也会受到其他因素如个体认知差异的影响。我们知道，文化实际上是个体认知和行为规范的一个集合，既可以从外部客观世界，也可以从个体的内部主观世界被考量（Schwartz 和 Bilsky，1990；DiMaggio，1997；Chen et al.，2002）。Chen 等（2002）指出文化体现的也是组成个体的心智状态，并且文化在不同个体层面上表现会不同。Lehman 等（2004）也进一步研究文化和心理学之间的联系，指出文化的一些特定内容可能受个体认知层级状态的影响。DiMaggio（1997）指出在个体认知的层级上去评估文化差异的影响很重要。

在报童问题中，拥有较低认知分数的决策者会倾向于制定较快和较冲动的决策。这种情况下，中国和美国实验者均会使用较少的逻辑思考，因此我们推测两组文化背景下的被试的决策表现差异在此认知层级上会减弱甚至消失。相反，认知水平较高的实验者在思考时会更久更深入。因此，对于那些思维方式分析性更强的美国实验者（Peng 和 Nisbett，1999；Nisbett et al.，2001；Nisbett 和 Miyamoto，2005）而言，他们可能呈现出更好的决策表现。基于此，我们假设个体认知差异可以调节文化差异对于报童决策的影响，提出如下假设：

假设3：个体认知差异对报童决策中的文化差异具有调节作用，即文化差异对于较高认知水平的决策者影响更为显著。

既然文化差异影响可能在不同个体认知水平下是不同的，报童决策中的个体认知差异的作用也可能会受到不同文化的调节影响。一系列跨文化心理学的研究（Markus 和 Kitayama，1991；Lehman et al.，2004；Chiu 和 Hong，2013）指出，除了文化会影响基本的认知过程以外，个体心理认知过程也会对于文化施加根本性的影响。

Tung（1996）认为文化是一个共享信仰、价值观、态度和逻辑思考的演化集合，为给定群体的人们提供感知、思考、推理和反应的认知地图。不同的文化联系着不同的社会环境，这些社会环境会催生某些思维方式。一些研究调查文化差异在决策过程中对认知状态的影响（Briley et al.，2000；Elliot et al.，2001）。这些工作指出不同文化背景的人对自己和他人有不同的建构认识，从而影响个体的认知。

比如，个体主义和集体主义（Hofstede et al.，1991；Hofstede 和 Hofstede，2001），被大量文献支持为中美最显著的文化差异（Triandis et al.，1988；Tse et al.，1988；Cox et al.，1991；Lehman et al.，2004；Schimmack et al.，2005），同样影响包含问题感知、思考策略和选择的个体决策行为（Marsella et al.，1985；Sampson，1988；Guess，2004；Power et al.，2010）。Power 等（2010）指出个体主义和集体主义是与运营管理领域最为相关的文化特征之一。个体主义衡量的是个体追求自我表达、独立性和成就感，同时维持和其所属的社会及组织相对宽松关系的程度（Triandis et al.，1988，1990；Cannon et al.，2010）。相反，那些来自强调集体主义文化的个体趋向于持有一些被周围环境包括其他个体强烈影响的观点。Markus 和 Kitayama（1991）认为具有集体主义文化背景的个体不具备且不需要保持其内在特质（如能力、价值观等）和行动的一致性。因此，他们的行为实质上反映的是文化规范和统一性。Bardi 和 Goodwin（2011）指出个体认知水平在一个集体主义程度较高的文化下产生的影响作用会较弱，相对于在一个个体主义程度较高的文化下，因为个体在前者文化背景下独立性较弱。中国实验决策者的行为相对来说更为集体主义，而美国决策者更为个体主义（Smith et al.，1996；Ralston et al.，1997；Hofstede 和 Hofstede，2001；Buchan et al.，2006）。基于此，我们推测对于中国实验者来说，不同认知水平层级之间的报童决策差异会减弱，提出如下假设：

假设 4：文化差异对报童决策中的个体认知差异具有调节作用，即个体差异的影响在中国实验决策者中更弱。

3.2 实验设计

本研究邀请中国相关企业管理者在互联网上进行在线的报童决策行为实验。采用 PHP 语言编写了在线实验网站，网站后端采用数据库记录被试者所输入的信息。之所以采用这样的操作方式，是因为企业中的库存管理决策大多是利用信息系统做出的。为了控制实验进行文化对比，整个实验设计和流程都是参照 Moritz 等（2013）的实验进行，在这里我们简要介绍一下实验设计，具体有关细节也可以参看 Moritz 等（2013）。

为了对干扰因素进行控制，本实验要求决策者在实验过程中不借助于任何参考资料、严格独立地完成实验。为了和 Moritz 等（2013）保持一致，本实验没有给决策者个人提供任何报酬，我们承认这存在一定程度的实验控制上的不完善。然而，Moritz 等（2013）另外做了一组报酬激励的实验进行了鲁棒性检验，发现没有提供报酬带来的实验控制上的损失可以忽略不计。

3.2.1　实验对象

我们邀请了来自国内四家大型企业集团的相关员工参与，分别是：联想集团股份有限公司（简称联想）、神华集团有限责任公司（简称神华）、中国物资储运总公司（简称中储）、中国通用技术（集团）控股有限责任公司（简称通用）。经过对企业的分析以及和企业管理者的交流沟通，这四家企业的主营业务中，与供应链、库存管理相关的职能所占地位非常重要。此外，在员工的具体职能领域上，本实验限定了参与实验的员工所从事的工作内容必须属于生产计划、供应链管理、采购、库存管理之一；也就是说，报童决策和其工作内容必须具有一定的相关性。这样保证了本研究所采集的行为与企业中的库存管理实践具有良好的一致性。本实验共有 107 位员工参与，其中有 4 人因为订货量偏离需求范围过多，应当被视为无效样本，因此有效样本量为 103 位。

再从人口属性方面对样本进行描述性统计（见表 3.1），总体而言在这些方面样本具有良好的分散性，并保证和 Moritz 等（2013）美国实验者的可比性。从公司来源看，样本中来自联想公司的最多，其次是神华和通用两家公司，来自中储的较少。从职位、性别，以及最高学历专业上来看，样本都具有非常良好的分散性。从最高学历上来看，参与者的最高学历以本科学历居多，也有一定比例的参与者是研究生和专科学历。

表 3.1 人口属性方面的描述统计

分类方式	公司				职位		最高学历		
类别	联想	神华	中储	通用	管理者	非管理者	专科	本科	研究生
有效样本	52	26	5	20	41	62	13	58	32
百分比(%)	42	29	5	23	43	57	13	59	27
分类方式	性别		最高学历专业						
类别	男	女	财务管理	经济贸易	运营管理	市场营销	其他管理	理工	其他
有效样本	55	48	8	16	19	4	17	29	10
百分比(%)	55	45	8	17	16	3	18	29	9

对于决策者的认知类型差异，本研究采用 Frederick（2005）开发的 Cognitive Reflection Test（以下称 CRT）量表进行刻画。个体认知差异被认为和两类认知加工过程关系紧密，即本能加工过程和理性思考过程，也被 Stanovich 和 West（2000）称作“第 1 类认知系统”和“第 2 类认知系统”。“第 1 类认知系统”一般会自发和冲动发生，而“第 2 类认知系统”会消耗心力，带有更多理性思考和系统分析过程。CRT 量表可以用来量度基于这两种认知系统的个体差异。被试者将回答表 3.2 中的三个问题，每一道题若答对则计 1 分，答错计 0 分。CRT 量表能够根据总得分将个体的认知类型区分为四个层次：得分越低的参与者，其认知偏向冲动型；得分越高的参与者，其认知偏向思考型。

表 3.2　CRT（Cognitive Reflection Test）量表

题号	题目	正确答案
1	一个球拍和一个球一共 1.10 元，球拍比球贵 1.00 元，那么球值多少钱？①	0.05 元
2	若 5 台机器制造 5 个部件需要 5 分钟，请问 100 台机器制造 100 个部件需要多长时间？	5 分钟
3	湖中有一片睡莲叶，其面积每天扩大至前一天的两倍；假设它 48 天恰好把整个湖覆盖，请问多长时间它能覆盖整个湖的一半？	47 天

资料来源：Frederick（2005）。

3.2.2　实验流程

本实验要求决策者进行 12 个周期的报童决策。在这 12 个周期中，问题设置不发生变化。所有决策者面临同一串产生于需求分布的需求序列。在每个周期中，实验系统会向决策者提供在上一周期中实现的需求量以及相关的利润信息，并且要求决策者做出本周期的报童决策。实验参数设置见表 3.3。

表 3.3　实验参数值

参数类型	参数符号	参数值
产品价格（元/每单位）	p	4
产品成本（元/每单位）	c	2
产品残值（元/每单位）	s	0
缺货惩罚（元/每单位）	g	8
缺货成本（元/每单位）	Cu	10
积压成本（元/每单位）	Co	2
需求分布	D	N（100，20）
决策周期	N	12
最优订货量	Q^*	119.4

① 原量表中分别为 1.10 美元、1.00 美元，考虑到本实验参与者均为中国人，这里改写为元。

本实验的进行方式如下：第一步，实验参与者打开网页后先浏览对于实验的简单介绍；第二步，实验参与者填写一些个人基本信息，如公司名称、相关工作经验年数等；第三步，实验参与者完成12期的报童决策，即在每期市场需求实现之前实验参与者需要决定每期的订货量，且在每期结束后会收到决策表现的反馈报告；第四步，报童决策完成后，实验参与者完成CRT实验；第五步，实验参与者阅读结语并关闭网页（关于本实验的具体网页文档请见附录）。

3.3　结果分析

在第 3.3.1 节中，我们将中美两组文化背景的实验者各自看作一个整体，比较其决策行为的相似性和差异性。然后在第 3.3.2 节和第 3.3.3 节中，我们将各自文化背景下的实验者按照 CRT 得分进行细分分组，用来分析文化差异和个体差异之间的交互作用。

3.3.1　报童决策中的文化差异

本小节我们主要是将中国实验者作为一个整体来观察平均行为表现，和美国实验者的结果进行整体对比，从表 3.4 中可以看出，中国实验者相对于美国实验者而言呈现出更高的需求追逐趋势。根据 t 检验分析，中美实验者的需求追逐趋势差异显著（$p=0.081$）。因此，假设 1 得到了实验结果的支持。注意到 Feng 等（2011）也比较了中美决策者之间的需求追逐行为，他们发现中国决策者更为需求追逐，这一结果和我们的观察一致。

表 3.4　中美实验者的需求追逐和任务结果表现

	实验者	均值	标准差	比较检验
需求追逐	中国	0.395	0.266	$t=1.751$
	美国	0.345	0.246	$p=0.081$
平均订货量	中国	109.91	7.79	$t=2.468$
	美国	112.39	9.16	$p=0.014$
平均期望利润	中国	909.14	23.12	$t=3.774$
	美国	916.80	15.77	$p<0.001$
平均订货量方差	中国	213.0	180.1	$t=3.039$
	美国	159.1	147.1	$p=0.003$

接着，我们比较中美实验者的任务表现。表 3.4 显示出中国实验者在三个维度上的任务表现均更加偏离最优值，并且中美实验者之间的任务表现差异是显著的。具体来说，相较于美国实验者，中国实验者的订货量较低，即更加趋于需求均值而偏离最优订货量。并且，中国实验者所获得的期望利润较低。根据 t 检验分析，中美实验者的订货量差异显著（$p=0.014$），期望利润差异显著（$p<0.001$）。另外，中国实验者相对于美国实验者而言呈现出更高的订货量方差。根据 t 检验分析，中美实验者的订货量方差差异显著（$p=0.003$）。因此，假设 2a、假设 2b、假设 2c 得到了实验结果的支持。

3.3.2　报童决策中的个体差异和文化差异的交互影响

首先我们观察个体差异如何调节文化差异对报童决策的影响，主要是比较相同 CRT 得分的中美实验者决策表现。在四组 CRT 得分下，我们一一对比中美决策者的表现。

图 3. 3 展示了在四组 CRT 得分下中美决策者平均需求追逐趋势、平均订货量、平均期望利润和平均订货量方差，表 3. 5 给出 t 检验的比较结果。基于此，我们有以下几点观察：①中国实验者的需求追逐趋势更高，然而仅在 CRT = 2 时差异显著。②当 CRT≥1 时，中国实验者的订货量较低，差异也很显著。这点和之前把中国实验者作为一个整体的结论是一致的。然而当 CRT = 0 时，中国实验者的订货量高于美国实验者的订货量水平，但是统计意义上并不显著。③中国实验者的期望利润低于美国实验者，然而在统计意义上当 CRT≥1 时是显著的，当 CRT = 0 时不显著。④中国实验者的订货量方差比美国实验者高，且当 CRT = 0 和 2 时，统计意义上差异显著。

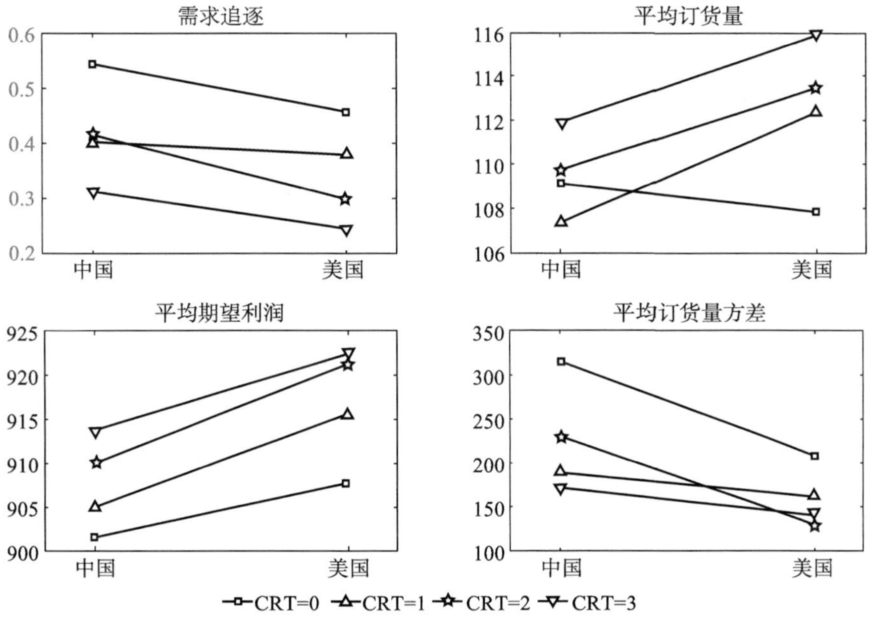

图 3. 3　四组 CRT 得分下中美实验者的决策表现

表 3.5　四组 CRT 得分下中美实验者的决策表现（统计性分析）

	中国		美国		显著性比较	
CRT	需求追逐	S. D.	需求追逐	S. D.	*t*	*p*-value
0	0. 545	0. 270	0. 458	0. 232	1. 223	0. 224
1	0. 405	0. 191	0. 379	0. 229	0. 471	0. 639
2	0. 416	0. 285	0. 299	0. 237	2. 363	0. 020
3	0. 312	0. 250	0. 247	0. 238	1. 305	0. 195
CRT	平均订货量	S. D.	平均订货量	S. D.	*t*	*p*-value
0	109. 12	7. 04	107. 83	8. 77	0. 504	0. 615
1	107. 36	7. 10	112. 36	8. 60	2. 417	0. 018
2	109. 75	6. 07	113. 61	8. 63	2. 399	0. 018
3	111. 90	9. 28	115. 91	8. 73	2. 182	0. 031
CRT	平均期望利润	S. D.	平均期望利润	S. D.	*t*	*p*-value
0	901. 61	14. 6	907. 79	14. 8	1. 402	0. 1640
1	905. 13	24. 9	915. 38	14. 6	2. 338	0. 0217
2	909. 85	18. 3	921. 27	14. 5	3. 657	0. 0004
3	913. 65	27. 3	922. 29	14. 7	1. 753	0. 0886
CRT	平均方差	S. D.	平均方差	S. D.	*t*	*p*-value
0	315. 2	178. 6	207. 6	144. 9	2. 402	0. 018
1	189. 3	160. 2	162. 1	143. 2	0. 737	0. 463
2	231. 0	225. 7	130. 6	142. 5	2. 981	0. 003
3	171. 6	122. 9	139. 8	145. 1	1. 118	0. 266

我们可以看到，相较于把中美实验者各自看作一个整体得到的总体比较而言，当按照 CRT 得分进行分组得到的中美需求追逐行为和任务结果表现差异的比较在形式上是与其类似的。但是，分组情形下的差异并不总是显著的。这些结果在一定程

度上表明，在研究文化差异对于报童决策影响时，个体认知差异产生的调节作用是重要且不应该被忽略的。

为了进一步检验个体认知差异的调节作用，我们将 CRT 得分分为两组，即当 CRT≤1 时，我们称为低 CRT 水平，当 CRT≥2 时，我们称为高 CRT 水平。同样，我们在这两组 CRT 类别下比较中美实验者的表现差异，表 3.6 列出了比较结果。我们可以看到，在两组 CRT 类别下，中国实验者均表现出较高的需求追逐趋势，较低的订货量水平，得到较低的期望利润，呈现较高的订货量方差。然而，当 CRT 为高水平时，中美实验者的表现差异更为显著。这一结果较为反直观，即一般而言我们会推测随着 CRT 得分增高，中美实验者之间的行为表现差异应该更小。那么，原因可能是当 CRT 得分较低时，决策者会呈现出更快和更为冲动的认知反应过程，这可能造成中美实验者均较少地使用逻辑分析，因此中美之间行为表现差异会减小；而当 CRT 得分较高时，决策者的认知反应过程会更慢和更理性，在这种情况下，美国决策者在认知类型上更为理性的优势可能会造成和中国决策者的行为表现差异更为显著。综上，H3 得到了结果的支持。

表 3.6 高低 CRT 水平下中美实验者的决策表现和统计性分析

	中国		美国		显著性比较	
CRT	需求追逐	S. D.	需求追逐	S. D.	t	p-value
≤1	0.459	0.235	0.422	0.234	0.820	0.413
≥2	0.363	0.273	0.276	0.239	2.431	0.016

续表

	中国		美国		显著性比较	
CRT	平均订货量	S. D.	平均订货量	S. D.	*t*	*p*-value
≤1	108.03	7.13	109.89	8.98	1.129	0.260
≥2	110.84	7.94	114.61	8.75	3.086	0.002
CRT	平均期望利润	S. D.	平均期望利润	S. D.	*t*	*p*-value
≤1	903.78	21.6	911.25	15.2	2.372	0.019
≥2	911.78	23.4	921.71	14.6	3.931	≤0.001
CRT	平均方差	S. D.	平均方差	S. D.	*t*	*p*-value
≤1	237.4	178.3	186.9	145.9	1.744	0.083
≥2	200.9	183.5	134.6	143.7	2.959	0.003

我们可以看到，对于美国实验者的行为表现，随着 CRT 得分的增高，平均订货量和平均期望利润水平都是往最优值方向增加，平均订货量方差和需求趋势也是减少的。并且，这些决策表现在 CRT 组间的差距都是显著差异的，如表 3.7 所示。也就是说，个体认知差异对于美国实验者的决策表现的影响是显著的。

对于中国实验者而言，总的来说我们也可以看出行为表现随着 CRT 得分增高而往更好的方向变化，但是与美国实验者行为变化较为不同，其不具有单调变好的趋势，如图 3.4 所示。并且，中国实验者只在需求追逐趋势（$p=0.042$）和订货量方差（$p=0.079$）两个维度下在 CRT 组间差异显著。在订货量和期望利润的维度下差异并不显著，可能也归因于中国实验者在中庸思维方式上的体现，正如我们在前文中讲到的，中庸文化可能强于个体认知差异的效应而导致个体在订货量（以及期望利润）层面的个体差异减弱。

基于此，我们认为个体认知差异对于中国实验者在报童问题上的直接影响并没有美国实验者那么显著，假设 4 得到结果的支持。我们认为，相对于美国实验者的个体主义文化来说，中国实验者的集体主义文化可能会影响其决策的差异化程度。我们知道，个体主义文化中个体强调自我表达和自我个性的追求，与周围的组织和环境联系并不紧密，而集体主义文化的人们相对来说更容易受到周围环境的影响而做出决策。Markus 和 Kitayama（1999）指出高集体主义文化的人们的行动决策并不能保证和自身的内在特征如认知、能力及价值观等一致，他们的行为一般比较具有规范性和统一性。因而，中国文化的高集体主义很有可能导致不同 CRT 得分的决策者的订货表现差异减小。

另外，中国实验者可能对较高的缺货惩罚成本没有美国实验者敏感，这可能导致其在高边际情境的报童决策下存在认知冲突，也就是说存在最大化利润以外的其他目标形式，因此，我们观察到随着 CRT 得分增高的非单调变化。当然，上述推测需要进一步的研究来佐证，这不是本章研究的范畴，因此不做过多讨论。

表 3.7　中美实验者在四组 CRT 得分下的决策表现（统计性分析）

	CRT=0		CRT=1		CRT=2		CRT=3		显著性比较	
	需求追逐	S. D.	需求追逐	S. D.	需求追逐	S. D.	需求追逐	S. D.	F	p-value
中国	0. 545	0. 270	0. 405	0. 191	0. 416	0. 285	0. 312	0. 250	2. 837	0. 042

续表

美国	0. 458	0. 232	0. 379	0. 229	0. 299	0. 237	0. 247	0. 238	5. 667	$p \leqslant 0.001$
	平均订货量	S. D.	平均订货量	S. D.	平均订货量	S. D.	平均订货量	S. D.	*F*	*p*-value
中国	109. 12	7. 04	107. 36	7. 10	109. 75	6. 07	111. 90	9. 28	1. 635	0. 186
美国	107. 83	8. 77	112. 36	8. 60	113. 61	8. 63	115. 91	8. 73	11. 384	$p \leqslant 0.001$
	平均期望利润	S. D.	平均期望利润	S. D.	平均期望利润	S. D.	平均期望利润	S. D.	*F*	*p*-value
中国	901. 61	14. 6	905. 13	24. 9	909. 85	18. 3	913. 65	27. 3	1. 161	0. 329
美国	907. 79	14. 8	915. 38	14. 6	921. 27	14. 5	922. 29	14. 7	15. 833	$p \leqslant 0.001$
	平均方差	S. D.	平均方差	S. D.	平均方差	S. D.	平均方差	S. D.	*F*	*p*-value
中国	315. 2	178. 6	189. 3	160. 2	231. 0	225. 8	171. 6	122. 9	2. 332	0. 079
美国	207. 6	144. 9	162. 1	143. 2	130. 6	142. 5	139. 8	145. 1	4. 552	$p \leqslant 0.004$

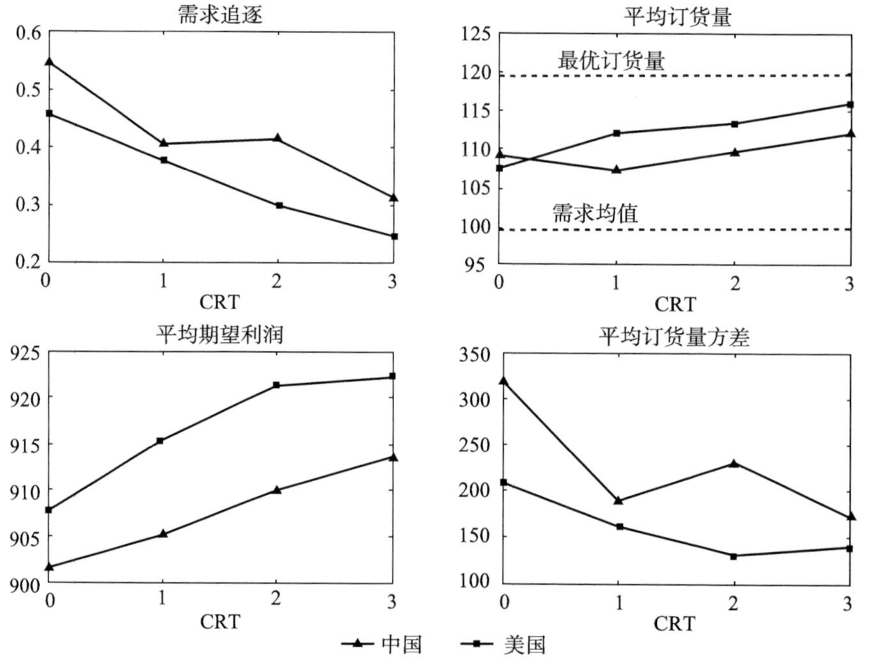

图 3.4　中美实验者在四组 CRT 得分下的决策表现

3.4　理论和现实意义

决策制定主要是当结果不确定时从一系列选项中选择一种行为方式的过程。Simon（1957）提出人们判断和决策中的个体理性程度主要受限于信息的处理、存储和检索过程。尽管个体有理性行为的意向，其有限理性也会在做决策时引起系统性的偏差。这一普遍性对于一大部分的研究领域都是很基本的，包括行为运营管理。

运营管理者经常需要制定库存决策。尽管有一些理论模型的最优解在研究中记录完好，大部分都假设决策者是完全理性的，然而我们经常观察到偏离最优值的情况（Schweitzer 和 Cachon，2000；Bostian et al.，2008；Su，2008；Ho et al.，2010；Kremer et al.，2010；Moritz et al.，2013；Wu 和 Chen，2014；Feng 和 Zhang，2017）。这一领域的大部分研究都主要选择了西方国家的被试并且考察其平均订货行为。较少有对于个体或者文化差异的关注，而对于二者的交互影响的研究基本空白。我们试图填补这一文献缺口，发现了一些有意思的结论。

相较于美国实验对象而言，中国的实验对象的需求追逐趋势更高。并且，中国实验对象的订货量更加偏向需求均值而偏离理论最优订货量，获得更低的期望利润，呈现更高的订货量方差。更重要的是，上述结论在将每个文化群体按照 CRT 得分进行分组进行比较的情况下并不完全一致，我们观察到个体认知差异和文化差异对报童决策行为的交互影响作用。当我们比较相同 CRT 得分下的中美实验对象决策结果，发现个体认知水平差异对报童决策的文化差异起到了调节作用。另外，文化差异也对个体差异决策起到了调节作用，相对于美国实验对象而言，中国实验对象不同认知水平的决策结果变化并不是很显著。

现实中，在供应链订货决策时，个体差异和文化差异的因素都需要予以重视。在当前复杂的商业合作和竞争活动中，对决策者同质性的假设显得过于简单。甄别具体的差异来源能够帮助实践者关注这些问题进而避免不必要的冲突，提高日常运作效率。本章的结果不仅显示了个体认知和文化差异各自对决策者的行为影响，也显示了两种差异的交互作用，为企业运营提供一些管理启示。比如，对于认知能力相对较高的决策者，其文化差异比较显著，较低认知能力的决策者的文化差异并不明显。因此，管理不同类型的职员要使用恰当的策略。

另外，对于跨国运作的企业，认识到决策者文化差异会受到个体认知差异的影响而变化是非常重要的。由此，企业应该对不同类别的职员采取恰当的训练和决策支持策略。个体认知差异在美国实验对象中的影响比较突出，那么对于美国而言相对细致的职员甄选和训练就显得更加重要。在中国，认知能力相对较低的职员更需要决策支持系统等。

3.5 未来思路和方向

当然，本研究也有一些局限性，也为未来研究提供一些思路和可能性。首先，我们的样本没有理想状态那么多。尽管在统计意义上样本大小已经足够产生一些启示，样本量更多当然是更好。其次，由于没有 Moritz 等（2013）实验的具体细节数据，本研究中美文化的结果对比是基于对 Moritz 等（2013）文章中数据的归纳计算，所以一些结果尤其是统计分析并不是很丰富和完善。最理想是我们做一组跨文化实验得到两组中美实验者数据进行分析。当然，我们现有的数据分析和比较是可信和有效的，也足以提供一些探索性的建议。再次，我们使用了和 Moritz 等（2013）同样的成本参数，但是由于货币单位不同，可能对于实验设置会有些许影响，这也是一个未来可以探索的有趣的实验想法。最后，我们针对 Moritz 等（2013）最主要和特色的高边际情境的实验进行效仿，如果需要更综合、全面的比较，还可以进一步对比分析中低边际情境的情况。

第4章

自有品牌产品差异策略

在前一章我们研究了零售商的订货决策行为会如何受到文化差异和个体异质性差异的影响，为企业优化成本提供了一些决策建议。零售商除了优化成本，有时也会适当采取一些策略来扩大市场份额、提升自身的竞争优势和对供应链上制造商的谈判力量，比如引入自有品牌产品策略。本章我们仍然研究个体异质性差异的影响，但是针对的是供应链的需求方，即消费者对产品质量偏好的异质性。通过对两级供应链进行建模的方式，我们对零售商引入质量差异化的自有品牌最优策略进行分析。

自有品牌，一般被认为是零售商以自己的品牌命名并自行控制的产品。当下游零售商将自有品牌引入市场，从而将自身置于和供应链上游合作制造商的竞争关系时，自有品牌侵入就发生了。

相比较制造商品牌而言，自有品牌一般被定位于低质量和低价格的产品。当然，零售商引入低质量的自有品牌是有很多好处的。另外，有关质量差异的文献也指出后进入的产品（比如本章中的自有品牌）最好比市场领导产品（比如本章中的制造商品牌）质量低一些（Moorthy，1988）。

然而最近这些年，我们看到不乏零售商引入优质自有品牌到市场，这些产品相比较制造商品牌具有更好的质量和更高的价格（Kumar，2007）。例如，美国超市 Whole Foods 在 2013 年引入优质狗粮产品，替换掉其天天平价的宠物食品；Tesco 也开发了 Tesco Finest 系列，产品定价高于同类制造商品牌。

在以往的文献中，自有品牌质量一般被假设低于制造商品牌质量且外生给定（Raju et al.，1995；Sayman et al.，2002；Morton 和 Zettelmeyer，2004；Choi 和 Coughlan，2006；Chen et al.，2011；Amrouche 和 Yan，2012；Ru et al.，2015）。然而，我们考虑零售商可能会引入高质量的自有品牌的情况。相比较低质量自有品牌引入策略，高质量自有品牌的引入代表一种高端市场垂直差异化的形式，可能进一步增强零售商的谈判力量以及获取较低批发价格的能力。然而，伴随着高质量自有品牌的引入，其与质量相关的生产成本也相应增加。因此，这种收益和损失的权衡引出了本章的研究问题：①为什么及在什么条件下零售商会采取高质量自有品牌引入策略？②零售商的自有品牌引入策略如何影响制造商和零售商的绩效表现以及两者的博弈？③如果自有品牌的质量内生化，将如何影响零售商的引入策略和企业绩效？

4.1　自有品牌产品策略相关研究

同样，在供应链管理中，零售商也在寻求新的运营和市场营销策略来扩大市场份额以及增加议价能力。面对制造商的品牌产品，零售商也会提供自有品牌来吸引消费者，从而和原本的供应链合作伙伴形成竞争关系。由于本章采用理论模型研究零售商自有品牌引入，而关于自有品牌的理论成果在文献中颇为丰富，下面首先介绍与本章密切联系的理论模型研究。

Sethuraman（2009）关于自有品牌文献提供了完整的综述，主要聚焦于理论模型方面的归纳。Raju 等（1995）较早提出关于自有品牌引入的理论框架，他们采用总需求的形式进行建模并得出结论，零售商引入自有品牌的好处不仅取决于制造商品牌之间的交叉价格敏感性，也取决于制造商品牌和自有品牌之间的交叉价格敏感性。Sayman 等（2002）基于 Raju 等（1995）模型的扩展，进一步研究自有品牌如何在两个制造商一个零售商的市场中进行定位，刻画出零售商如何定位其自有品牌及条件。Sayman 和 Raju（2004）研究产品类别特征如何影响零售商自有品牌的引入数量。Choi 和 Coughlan（2006）也研究自有品牌的定位问题，表明零售商的定位策略取决于产品的质量和制造商品牌之间的竞争。

另外，也有一些研究表明，零售商自有品牌引入的好处是以牺牲制造商利益为代价的。Mills（1995）、Narasimhan 和 Wilcox（1998）表明零售商通过引入自有品牌，可以从制造商那里获得批发价格的让步，从而带来利润的增加。

除了理论模型研究，我们发现也有一些关于自有品牌的实证研究，如 Dhar 和 Hoch（1997）、Chintagunta 等（2002）、Pauwels 和 Srinivasan（2004）、Hansen 等（2006）、Hansen 和 Singh（2008）、Seenivasan 等（2015）。Pauwels 和 Srinivasan（2004）通过多变量时序分析表明自有品牌的引入一般是对零售商、消费者甚至优质品牌制造商获益的，但是会使质量较差的制造商品牌受损。Chen 等（2010）调查研究自有品牌的供应关系，发现制造商其实可以通过引入自有品牌生产线而获益。

以上文献对自有品牌的引入主要采用总量需求的形式，并且没有考虑消费者偏好的异质性以及选择购买行为。一些学者如 Hutchinson 等（2000）、Hansen 和 Singh（2008）强调了异质性在关于消费者行为的运营和营销研究中的重要性。上一章考虑了报童决策中个体异质性的影响，本章在此基础上考虑消费者对质量的异质性偏好，并且结合其具体的选择行为，分析零售商自有品牌质量差异化的策略。

本章与关于竞争和消费者异质性的质量决策文献关系密切，这部分研究最开始主要集中于经济学和市场营销领域。Moorthy（1998）考虑两个企业关于质量和价格竞争，对同时博弈和序贯博弈两种模型进行分析。该研究是第一个明确引入关于质量递增的凸函数成本，并且表明企业的均衡策略应该是和竞争产品差异化。Polo（1991）在不同类型的不完美信息消费者情形下考虑价格和质量的竞争。同样，Rhee（1996）、Villas - Boas（1998）、Desai（2001）对 Moorthy（1998）的模型进行了扩展。在运营管理领域，Banker 等（1998）考虑三种不同的竞争情形，分析均衡质量水平是否会随竞争程度递增。Chambers 等（2006）考虑双寡头情形下，两个制造商关于质量和价格竞争，其中变动成本会对均衡结果有什么影响。Shi 等（2013）探究了垂直和水平的消费者异质性对企业最优质量决策的影响。Ha 等（2015）考虑制造商的直销渠道引入背景下，双渠道产品质量的内生性和差异化对供应链成员间的博弈有何影响。

近年来，自有品牌文献里面也开始有一些考虑消费者偏好异质性的研究。例如，Morton 和 Zettelmeyer（2004）考虑异质性偏好的消费者，通过讨价还价模型得出结论，即自有品牌可以帮助零售商从制造商那里获得一个较低的批发价格，甚至仅仅是自有品牌引入对领先制造商品牌造成的威胁就足以获得一些议价能力。Ru 等

（2015）同样考虑异质性偏好消费者的选择，研究一个强势零售商引入自有品牌的情形，如果将供应链成员之间的博弈刻画为零售商领导的斯塔克尔伯格模型，则制造商可以从自有品牌引入中获益。与上述研究类似的是本章也在自有品牌引入研究中考虑异质性的消费者偏好和选择行为。然而，上述研究仅仅关注零售商引入质量相比制造商品牌质量较低的自有品牌的情形，而本章与此不同的是，我们会考虑零售商对高质量自有品牌引入策略的权衡，在这个过程中消费者的选择行为会发生变化，同时如何影响企业的价格和其他决策表现。

与本章研究联系较为密切的是 Amaldoss 和 Shin（2015），尽管他们也考虑零售商引入高质量自有品牌的情形，但是本研究与其侧重点截然不同。Amaldoss 和 Shin（2015）是考虑制造商和零售商该如何引入多个制造商品牌和自有品牌的情形，制造商针对零售商引入自有品牌策略的预判来优化自己品牌质量。而我们考虑的焦点主要是零售商，其如何针对已有的制造商品牌来引入自有品牌。对于一个制造商品牌和一个自有品牌的特殊情况，Amaldoss 和 Shin（2015）得出结论零售商一定会引入高质量的自有品牌。在这点上本研究的结果与其也有较大的不同，我们刻画出零售商在何种条件下会引入高质量的自有品牌，同样也在其他条件下会引入低质量的自有品牌。

4.2　基准模型

考虑一条供应链，上游制造商排他性地销售其品牌产品给下游零售商，而零售商可能引入其自有品牌到市场中。制造商品牌的质量外生给定，批发价格和零售价格需要制造商和零售商进行决策。零售商引入自有品牌有两种可能性：低质量的自有品牌引入和高质量的自有品牌引入。

考虑异质性消费者的购买行为，我们用参数刻画异质性消费者对于产品单位质量的支付意愿，即对于质量的偏好程度。将效用函数表示为支付意愿和价格的函数。每个消费者最多购买一个单位的产品，通过比较不同产品带给自己的效用高低进行购买决策。

根据零售商引入低质量或者高质量的自有品牌产品，我们可以具体分析消费者的购买行为。模型的事件顺序如下：首先，零售商决策是否引入自有品牌，如果引入，是引入低质量还是高质量的自有品牌。其次，制造商决策其制造商品牌的批发价格。再次，如果引入了自有品牌，零售商决策两种品牌的零售价格；如果没有引入自有品牌，零售商只需要决策制造商品牌的零售价格。最后，消费者进行购买决策。基本上，该博弈模型包含三种情况讨论，即未引入自有品牌、引入低质量自有品牌以及引入高质量自有品牌。当零售商引入自有品牌时，零售商利润由制造商品牌利润和自有品牌利润两部分构成；而当其未引入自有品牌时，只存在制造商品牌带来的利润。

在讨论自有品牌引入策略之前，我们先分析没有引入自有品牌的博弈模型。我们通过逆向归纳法求解模型的均衡结果。给定制造商品牌质量和批发价格，零售商决策零售价格来最大化自己的利润。我们可以发现批发价格和零售价格都随着制造商品牌质量增加而增加，供应链成员间的利益也是完全一致的，该结果和 Ha 等（2015）类似。

4.3　自有品牌策略分析

在本节我们首先讨论零售商引入自有品牌的两种情况，即低质量的自有品牌和高质量的自有品牌。然后进行分析，得出零售商的最优策略。这里我们同样通过逆向归纳法求解子博弈精炼均衡。给定制造商品牌的批发价格，零售商需要决策两种品牌的零售价格来最大化自己的利润。根据最后一个阶段零售商的优化问题，得到零售商的最优价格函数。我们发现制造商品牌的零售价格不依赖于自有品牌质量。

根据对零售商最优反应的预期，制造商决策批发价格来最大化自己的利润。通过求解这个优化问题，我们得到最优批发价格，进一步我们可以得到两种品牌的均衡零售价格，从而计算出两种品牌的需求以及制造商和零售商的均衡利润。

我们发现，当低质量的自有品牌被引入市场时，制造商品牌的批发价格、零售价格和需求都降低。我们知道，当零售商引入低质量的自有品牌作为制造商品牌的替代产品时，其成为制造商批发价格让步的有效威胁。由此制造商一般会降低批发价格，这也和之前文献结果 Narasimhan 和 Wilcox（1998）、Ru 等（2015）一致。同样，零售商也会降低制造商品牌的零售价格。供应链上批发价格的降低在一定程度上减轻了其双边际效应。

另外，制造商品牌的需求也降低了，主要是由于低质量自有品牌的蚕食作用。从某种意义上而言，由于竞争带来的制造商品牌需求损失超过了由于零售价格降低带来的需求扩张，因而总的来说其需求是降低的。

进一步，我们也发现零售商引入低质量的自有品牌一直是获益的。我们可以从两方面进行解释：第一，零售商可以从低质量自有品牌增加的低端消费需求中直接获益。尽管制造商品牌一部分被蚕食，但自有品牌的需求扩张占据优势。第二，由于制造商降低批发价格刺激制造商品牌需求，由此供应链上的利润进行了转移，零售商从制造商那里获取了一部分利益。因此，这两方面的积极影响使得零售商从低质量自有品牌的引入中获益。同时我们也看到制造商在自有品牌引入的竞争中损失了利润。

同样分析高质量的自有品牌引入，我们通过逆向归纳法求解子博弈精炼均衡。我们发现零售价格函数形式和低质量自有品牌引入时相同。根据对零售商最优反应的预期，制造商决策批发价格来最大化自己的利润。通过求解这个优化问题，我们得到最优批发价格，进一步得到两种品牌的均衡零售价格，从而计算出两种品牌的需求以及制造商和零售商的均衡利润。

当高质量的自有品牌引入到市场时，制造商品牌的批发价格和零售价格依然是降低的，这和引入低质量的自有品牌类似。但是在低质量自有品牌引入时，制造商降低批发价格是为了防止消费者向低质量的自有品牌转移，而在引入高质量的自有品牌后，高端消费者被高质量的自有品牌占据，这时制造商降低批发价格主要是为了激励低端消费者的购买。同样，这在一定程度上减轻了其双边际效应。

另外，与引入低质量的自有品牌结果不同的是，制造商品牌的需求不一定降低。当制造商品牌质量较高时，需求有可能增高。即制造商品牌在未引入高质量的自有品牌时，其高端消费者需求较低，甚至可能低于引入高质量的自有品牌情况下的低端消费者需求。

进一步，零售商引入高质量的自有品牌一直是获益的，这主要来自于总需求的扩张。更多的低端消费者因制造商品牌价格降低由不购买转而选择购买制造商品牌，另外，零售商通过引入高质量的自有品牌也从高端消费群体中获取了更高的消费者剩余。因此，零售商可以从高质量的自有品牌引入中获益，而制造商在竞争中利润被损失。

当自有品牌质量外生时，我们发现，制造商品牌和自有品牌的质量差异影响了零售商的引入策略。具体来看，当制造商品牌的质量较低时，零售商更容易选择引入高质量的自有品牌。当低质量自有品牌的质量变高，也就是说低质量自有品牌和制造商品牌之间的质量差异缩小时，零售商更倾向于引入一个低质量的自有品牌。同样，当高质量的自有品牌和制造商品牌之间的质量差异缩小时，也会增大被零售商引入的可能性。

当自有品牌质量内生时，制造商品牌的质量增加会加大引入高质量自有品牌的难度。当制造商品牌的质量较低时，零售商更倾向于选择引入高质量的自有品牌。消费者质量偏好上限对于高质量的自有品牌引入起到积极作用：当消费者质量偏好上限增大时，零售商引入高质量自有品牌的可能性增加。

我们也可以比较社会福利的大小，发现引入自有品牌使得渠道利润、消费者剩余以及社会福利均能得到提高。而对比低质量自有品牌和高质量自有品牌引入两种情形时，发现这三者的大小关系遵循一致的规律，即较大的消费者质量偏好上限或者较低的制造商品牌质量会使得渠道利润、消费者剩余以及社会福利在引入高质量的自有品牌情形时更高。

4.4　结果对比分析

我们先在自有品牌质量外生的情况下，针对低质量和高质量自有品牌引入下的均衡结果进行对比，分析自有品牌对制造商和零售商博弈的影响。当低质量自有品牌质量和高质量自有品牌质量均较高，而制造商品牌质量较低时，制造商品牌的批发价格和零售价格在引入低质量的自有品牌时相对较低，反之则在引入高质量的自有品牌时较低。我们知道，制造商面对无论是低质量或者高质量的自有品牌引入都会选择降低批发价格。当低质量自有品牌质量和高质量自有品牌质量较高（低）时，低质量（高质量）的自有品牌对于制造商品牌的替代性增强，为制造商带来威胁。为此，零售商从制造商那里获取更大的批发价格的让步。因此，当低质量自有品牌质量和高质量自有品牌质量较高时，零售商在引入低质量的自有品牌后相对得到制造商更大的让步，获得更低的批发价格；反之亦然。

同样的逻辑可以解释制造商品牌零售价格的结果。制造商品牌和自有品牌之间质量差异性越低，制造商品牌的批发价格和零售价格越低，差异性的增大可以增加其价格。而对于自有品牌的零售价格，在引入高质量的自有品牌时，其零售价格更高。这一点很直观，因为质量越高，成本越高，零售价格也会因此增高。

有趣的是，制造商利润在引入高质量的自有品牌时不一定一直低于引入低质量的自有品牌的情况。具体地，当低质量自有品牌的质量接近于制造商品牌质量而高质量自有品牌的质量较高时，制造商利润在引入高质量的自有品牌时较高。反之，则在引入高质量的自有品牌时较低。结合上述价格比较的部分结论，我们不难解释该结论。因而，对于制造商而言，制造商品牌和自有品牌质量的差异性越高，对其越有利。

我们讨论自有品牌质量内生性对企业利润的影响，主要在低质量和高质量的自有品牌引入两种情况下通过数值实验进行分析。数值结果显示，内生化自有品牌的质量对零售商是有利的，这个很直观。然而，内生化并不一定会导致制造商损失。对此解释如下，在引入低质量的自有品牌时，制造商利润随着外生给定的自有品牌质量递减。那么，当自有品牌质量可以内生决定时，制造商利润可能会降低（增高），相比较于自有品牌质量外生给定且较低（高）的情况。当低质量自有品牌质量外生且较低时，内生化使得零售商获益而制造商损失；然而当低质量自有品牌质量外生给定而较高时，内生化使得零售商和制造商都获益。同样，在引入高质量的自有品牌时，内生化后制造商利润可能会降低（增高），相比较于自有品牌质量外生给定且较高（低）的情况。因此，零售商和制造商都可以从自有品牌质量内生化中获益，且该结论在引入低质量或者高质量的自有品牌情形下均成立。

4.5 小结

本章主要考察现实商业活动中零售商引入高质量自有品牌的原因和条件。和前一章不同的是，本章考虑了供应链需求端的消费者行为，对消费者质量偏好的异质性以及微观选择行为进行刻画，分析对零售商运营和营销决策的影响。通过分析零售商的最优决策，我们发现当制造商品牌的质量较低时，零售商更有可能引入高质量的自有品牌；而当制造商品牌质量增高时，零售商更可能倾向于引入低质量的自有品牌。对于零售商而言，较高的制造商品牌质量会加大其引入高质量自有品牌的难度。这与 Moorthy（1998）、Amaldoss 和 Shin（2015）研究的结论有所不同，Moorthy（1998）认为后进入的产品（自有品牌）最好比市场领导产品（制造商品牌）质量低一些，而本章给出了引入高质量自有品牌的策略均衡及条件；Amaldoss 和 Shin（2015）在研究零售商引入一个自有品牌的情况下时得出结论零售商一定会引入高质量的自有品牌，而本章认为在制造商品牌质量较高的时候，零售商不太会引入高质量的自有品牌。

另外，本章还发现一些有意思的结论。首先，不论引入低质量或者高质量的自有品牌，都可以减轻原制造商品牌供应链的双边际效应。其次，相较于未引入自有品牌的情况，制造商品牌的需求在引入低质量自有品牌时会降低，而在引入高质量自有品牌时，制造商品牌的需求可能出现增高的情况。最后，对比低质量和高质量自有品牌引入时的均衡结果，发现在引入高质量自有品牌时，制造商品牌的批发价格、零售价格和需求以及制造商利润反而有可能增加，这是因为当高质量的自有品牌和制造商品牌差异化较大，而低质量的自有品牌和制造商品牌差异化较小时，会出现制造商品牌的价格和需求在引入高质量自有品牌时相对较高的情况，因而利润也可能就较高。

本章考虑了自有品牌质量外生和内生两种情况，并将企业绩效进行了对比。通过分析发现，自有品牌质量的内生化可能给零售商和制造商都带来利润的增加。当外生的自有品牌质量和制造商品牌质量差异化较小时，零售商的内生化决策可以适当扩大产品质量差异，进而同时增加零售商和制造商的利润。

第 5 章

品牌变体产品价格和渠道策略

在前一章我们讨论了零售商的自有品牌引入，这一策略提高了零售商的竞争优势和对制造商的谈判力量。对于制造商而言，为了扩大市场份额，也会创建自己品牌下的具有横向差异的多种变体产品。那么，如何将品牌变体产品配送给消费者是制造商们较为关心的问题，而这就涉及渠道的优化和模式选择。20世纪90年代以来，随着网络信息化与电子商务的飞速发展，渠道结构设计的重要性越来越引起学者们的关注。对于制造商而言，如何设计销售产品的渠道正变得和产品本身的质量一样重要。另外，在实际中极少有制造商处于完全垄断的地位，而更常见的是竞争性的市场。因此，本章通过对竞争供应链进行建模的方式，探讨制造商对于品牌变体产品的最优渠道结构策略。

品牌变体的推出毫无疑问会受到消费者的欢迎，然而对于制造商而言却带来一些挑战。制造商需要优化自己的渠道结构以销售配送其品牌变体产品，那么应该选择直销还是分销模式。一般来说，制造商可以通过直销的方式掌控零售价格、消除供应链双边际效应并获取一些竞争优势。比如，Zara 和 H&M 自行设计、制造并通过直销渠道销售其快时尚产品变体（Lin et al.，2014）。然而，一些文献表明，分销在某些情况下也可能是渠道均衡且相对直销而言可以给制造商带来更高的利润（McGuire 和 Staelin，1983；Coughlan，1985；Liu 和 Tyagi，2011）。McGuire 和 Staelin（1983）最早开始研究渠道结构策略，主要考虑两条竞争渠道，分别销售具有替代性的单个产品。他们得出经典结论，即当产品替代性很高时，制造商采取分销结构可以获取更多利润。那么，对于竞争的品牌变体产品，以上结论是否成立我们并不清楚。因此，产品之间的差异性如何互相作用从而影响制造商的渠道策略均衡是本章希望解决的问题，即在什么条件下制造商应该通过一体化渠道直接销售品牌变体产品给消费者，什么条件下应该通过零售商进行分销。

一般来说，品牌变体产品由于特征不同，其需求大小也明显不同。按照传统经济学的理论，企业应该采取非均一化价格策略即进行差异化定价通过获取更多消费者剩余来增加利润（Chen 和 Cui，2013）。然而，我们在市场上可以经常看见品牌变体均一化价格的情况，比如不同颜色的衣服和鞋都是统一标价。学者们对此提出了一些关注和解释，主要包括两个方面（Orbach 和 Einav，2007）。一方面是基于经济学的解释，即成本收益分析。具体是指缘于管理价格变化调整的利润相比菜单成本而言较低（Levy et al.，1997；Mcmillan，2007）。然而，菜单成本这一解释在现今电子商务盛行的市场现象中不太站得住脚，因为商家在网上调整价格是一件很容易的事情，因此并不是很合理（Draganska 和 Jain，2006；Orbach 和 Einav，2007）。

另一方面是基于行为的解释，即消费者可能感知到品牌变体的非均一化价格形式并不公平，这一行为会减少消费者需求（Chen 和 Cui，2013；Okada，2014）。Chen 和 Cui（2013）研究了消费者公平关切行为对于竞争企业价格策略和利润的影响。他们考虑两个竞争企业，每个企业销售各自品牌变体产品。这样的两个企业可以看作是两个拥有同样批发价格的竞争零售商，也可以是两个直销给消费者的竞争制造商。他们研究发现，当消费者公平关切行为很强的时候，均一化价格策略成为均衡。事实上，已有较多关于消费者对价格公平感知行为的研究（Rabin，1993；Fehr 和 Schmidt，1999；Charness 和 Rabin，2002；Bolton et al.，2003；Xia et al.，2004；Anderson 和 Simester，2008；Ho 和 Su，2009）。基于此，我们从 Chen 和 Cui（2013）的研究结果出发，考虑非均一化和均一化两种价格策略的存在，会如何影响制造商最优渠道结构的选择。

本章采用一个多变体的模型，研究两个竞争制造商（均销售同类型的品牌变体 A 和 B）的渠道结构选择。根据消费者公平感知的强弱，我们分为非均一化和均一化两种价格策略背景讨论。在非均一化策略下，品牌变体产品价格不同；而在均一化策略下，品牌变体产品价格相同。不失一般性，我们假设品牌变体 A 相较而言受众更广泛，即市场规模更大。制造商需要决策是通过集权结构（直销模式）或是分权结构（分销模式）销售品牌变体[①]。具体地，我们考虑对称的竞争供应链，那么需要研究三类不同的渠道结构系统，即纯集权式系统、纯分权式系统和混合系统。在纯集权式系统中，两条渠道都采取直销模式；在纯分权式系统中，两条渠道都采取分销模式；在混合系统中，其中一条渠道采取直销模式，另一条渠道采取分销模式。我们需要求解模型的子博弈完美纳什均衡。在主模型中，我们假设分权结构的渠道是排他性的，即制造商和零售商是一对一的关系；扩展部分我们会考虑非排他性的分权渠道，即两个制造商均通过一个共同的零售商或者平台进行销售。

① 书中“集权结构”和“直销模式”表示相同含义；“分权结构”和“分销模式”表示相同含义。

5.1　渠道分析与设计的相关研究

渠道管理是运营管理和市场营销近三十年来研究的热点问题之一，涌现出了学者的大量研究（McGuire 和 Staelin，1983；Shugan，1985；Moorthy，1987）。这里我们首先介绍与本章研究相关的渠道结构设计和优化方面的文献，主要包括直销渠道和分销渠道有关内容。

前面提到，分销渠道存在的问题主要是双边际效应问题，供应链渠道各主体分别追求自身利益最大化，使得供应链整体效率偏离系统理论最优值。考虑如何改善双边际效应，渠道内的合作可能实现渠道上下游双方的效率同时得到改进，但合作的前提是渠道上下游相信对方会保持合作的决策且形成合作双方都没有激励去打破合作的现状（Jeuland 和 Shugan，1983）。因此，如何设计合理的机制使得渠道上下游实现协调，改善分销渠道的效率，达到系统最优的效果一直以来都是渠道研究的热点之一。针对如何解决双边际效应，学者们也提出了很多思路。比如设计竞争性零售商市场（Shugan，1985）、提供激励性的合同（McGuire 和 Staelin，1986）、价格及数量折扣（Gerstner 和 Hess，1995）等。

理论上说，渠道层级越多，双边际效应就越明显。对于上游制造商来说，有一些原因使得零售商对供应链的重要性减弱，除了双边际效应带来的整条渠道的效率的下降，还有零售商可能利用自己的力量影响制造商的决策；制造商直销渠道可能提供更广泛的产品类别和服务；更少的渠道层级使得制造商与市场更直接地接触等。尽管如此，零售商的作用仍然是不可或缺的（Tsay 和 Agrawal，2004）。首先零售商接近市场，对市场变化具有灵敏的嗅觉，对顾客需求和行为掌握信息更多。此外，零售商自身的职能也正逐渐发生改变，很多零售商的核心竞争力已经从销售转为市场开拓，比如顾客行为的调查、市场信息的收集、品牌形象的建立、产品认知的推广。

另外，当制造商的产品存在激烈竞争情况时，企业会选择分销渠道，不仅因为均衡解，在效率上也比直销渠道高。McGuire 和 Staelin（1983）构造了两条竞争的供应链，其中每条供应链由一个制造商和一个零售商构成，每个零售商只服务于一个制造商。经研究发现，当制造商竞争程度非常激烈，产品的替代程度非常高时（事实上这是比较常见的），放弃直销渠道而选择分销渠道不但是系统的均衡解，也是系统的最优解。而当制造商产品的替代程度降低时，虽然双方均选择直销渠道是系统的均衡解，但却不是最优解，存在囚徒困境问题。对于消费者而言，直销模式会使消费者获益更高。而直销模式带来的激烈竞争则可能使制造商的利润受损。Choi（1991）在 McGuire 的基础上研究了下游是垄断型零售商的供应链，发现作为一个对市场有主导作用的零售商，Stackleberg 模式是最为稳定的均衡，并且价格—需求关系采用不同的设定（线性或非线性）会产生差异极大的结果。

以上文献对渠道结构的分析和优化主要针对每条渠道销售单个产品的情况，并且没有考虑价格策略对消费者行为的影响，本章在此基础上考虑两条竞争渠道销售各自品牌下的同类型的差异化产品，并且考虑消费者对价格的公平感知行为对价格策略的影响，进而决定渠道结构是应该采用直销渠道或者分销渠道。在行为和实验经济学与消费者行为学中，人对价格的公平关切行为受到了极大关注，在企业实践中也发现公平关切行为的重要影响。公平关切行为在行为和实验经济学中有大量研究结果。人并不是自私的只考虑自己利益最大化的决策者，而是存在情绪关切的，主要体现在三个方面：不平等厌恶（Inequality Aversion）、互惠性（Reciprocity）和信任（Trust）。不平等厌恶主要是指人在一个群体当中面对不平等的福利分配会感到厌恶；互惠性是指人们会对友好的行为做出友好的反应；信任是指人们寄希望于对方能够感受到自己的慷慨和友好互惠，宁愿把自己放在一个相对具有风险和失利的环境中，以得到总的来说一个比较好的结果。其中，不平等厌恶和互惠性的中心思想都是考虑行为结果的公平性，二者经常在分析的时候会交织出现，不太能区分开来，但是二者还是有区别的。对于互惠性来说，我们中国有几句古话形容比较贴切，比如“有恩报恩，有仇报仇；滴水之恩，涌泉相报；投之以桃，报之以李”。行为和实验经济学讨论互惠性主要采用交换礼物实验（Gift-exchange Experiments）和公共物品实验（Public Goods Games）。Akerlof（1982）命名“gift-exchange”，在这个博弈中，博弈双方存在雇佣关系，雇主提供工资报酬给雇员，然后雇员选择一个对他而言有成本的努力水平，当然，努力水平越高，对雇主越好，对雇员越不好。可以看出来这是一个有道德风险的博弈，雇员在选择努力程度的时候并不受限。然而大量实验结果表明（Fehr et al.，1993；Fehr et al.，1998；Charness，2004），雇员的努力程度和雇主提供的报酬水平是正相关的，从而证实了互惠性的存在。同样在公共产品博弈中，也有学者证实了决策者的互惠性偏好（Keser 和 van Winden，2000；Fischabacher et al.，2001；Croson et al.，2005）。另外，也有模型类的研究对互惠性加以刻画，如 Rabin（1993）、Dufwenberg 和 Kirchsteiger（2004）、Falk 和 Fischbacher（2006）。

同样，行为和实验经济学的最后通牒博弈（ultimatum bargaining game）和独裁者博弈（dictator game）的大量实验结果证实了不平等厌恶的行为特征。这两个博弈都是一方提供给另一方报酬，不同的是最后通牒博弈中接收方有权力决定是否接受，如果接受则按照提供方的提议分配，如果拒绝则两方报酬都为零，独裁者博弈中接收方没有权力决定是否接受而是强制接受提供方的分配提议。在最后通牒博弈中，实验结果表明提供方经常会提出 40%～50%的本来财富给接收方，而接收方对低于 20%的分配会有一半的可能拒绝（Roth et al.，1991；Forsythe et al.，1994；Eckel 和 Grossman，2001）。其中，关于最后通牒实验的有关研究成果推荐参看 Camerer（2003）的综述。这个博弈关于提供方的实验结果提出两种可能的解释：一方面可能是提供方的互惠性偏好，因为担心接收方拒绝所给的低分配提议，所以会给出高的报酬；另一方面可能就是提供方的纯粹大方和公平关切。那么独裁者博弈就很好地区别这两种可能，因为在此博弈中互惠性的影响可以排除，提供方的分配提议基本可以由他的公平关切意识来决定。实验结果表明，独裁者博弈中的提供方一般会给出 20%于自己财富的分配。因此，我们可以看出公平关切行为特征的显著存在。

基于公平关切和不平等厌恶的一些实验结果，学者们也提出了一些模型来纳入这些显著的行为特征因素，改进现有的结论。Fehr 和 Schmidt（1999）提出的“不平等厌恶模型”与 Bolton 和 Ockenfels（2000）提出的“ERC”［平等（Equity），互惠（Reciprocity），竞争（Competition）］模型中都是考虑人的效用不仅和自己的报酬有关，也和自己与别人报酬比较后的差异有关。这些模型都是经典的行为经济学基本模型。

价格是影响消费者选择产品或服务的重要因素之一，大量研究表明，影响购买的因素不仅是产品或服务的价格高低，其内在机制是消费者对价格公平性的认知。对于学者和实践者来说，考虑消费者为何会感受到价格不公平以及这些行为因素如何影响其购买行为是值得关心的问题。国外学者对价格公平感知行为领域的研究进行将近 40 年，形成了相对成熟的理论。Kahneman 等（1986）在经验研究的基础上，划分和描述了影响公平的因素，核心是提出著名的“双权理论”（Dual Entitlement），消费者从成本和价格角度推断商家利润，对价格变动产生公平与否的判断。一方面，企业不能仅仅为了增加利润而变动价格，例如当产品或服务需求增加时；另一方面，如果企业制造成本上升，有权通过提高价格来维持利润。

Kalapurakal 等（1991）在此基础上指出消费者对企业定价行为历史的了解会影响其对价格增减公平感知的判断。Bolton 等（2003）从价格参考点角度，指出消费者在比较价格时会考虑比较产品的历史价格、竞争者价格、其他消费者的价格以及商家的成本利润等。并从时间、行业和企业自身三个角度综合考虑消费者价格公平感知行为的特点，比如从时间角度来看，消费者通常会低估通货膨胀的影响；从行业角度看，消费者倾向于将不同销售地点商品价格差异归结为卖方所获利润不同，很少考虑经营成本的影响；从企业角度看，消费者在估计产品成本时，更看重产品本身的生产制造成本，一般会忽视管理费用和营销成本等其他成本。Vaidyanathan 和 Aggarwal（2003）将归因理论引入价格公平关切的研究，指出消费者认为价格是否公平取决于企业成本增加是因为内部因素还是外部因素影响，具体来说消费者认为只有来自企业外部而且是不可控制的原因导致的价格增加才是相对公平的，而来自企业内部并且可控的原因导致的加价是不可接受的。Xia 等（2004）定义价格公平感为消费者对卖方的价格与比较方的价格间的差异的合理性、可接受性、正当性的评价。换言之，消费者对价格公平性的感知过程实质上是消费者根据自己的主观感知比较产品或服务价格之间差异的过程。研究指出相对于比较自己购买历史价格而言，消费者的公平关切行为更容易受到其他消费者或竞争者价格的影响；当其感知到价格不公平时，一般会产生失望、遗憾或者生气的负面情绪，从而影响其购买决策。

在多渠道环境中，消费者对不同渠道同一产品的价格也存在公平关切的影响。比如消费者在预订宾馆房间时，既可以直接拨打宾馆电话预订，也可以通过宾馆官网预订，或者通过旅游和住宿线上或线下中介预订，而不同的预订渠道下价格可能会存在差异。Kahneman 等（1986）研究指出，消费者如果在溢价中感知到渠道更高的服务水平，一般会愿意支付更高的价格，但是如果消费者没有感知到渠道服务的增值，便会感知价格不公平从而不愿意支付。Choi 和 Mattila（2009）调查了多渠道价格策略对消费者公平感知行为的影响，发现消费者对行业多渠道价格实践的规范感知会调节其对公平感知行为。即面对多渠道价格差异，消费者如果认定这样的价格差异属于行业规范，则更愿意接受；比如学者研究指出相比于宾馆行业，消费者更容易接受航空公司行业的多渠道价格差异行为。另外，不同的渠道往往也存在成本差异、平台差异、网站盈利模式差异等，会导致不同的价格对消费者公平行为的感知也会有影响。

基于上述实证研究结果，了解了消费者公平关切感知的显著影响，在建立收益管理和价格模型的时候把公平关切感知行为考虑在内是非常有必要的，具有一定的理论和管理实践意义。这部分内容的研究现在还不是很多，Chen 和 Cui（2013）研究了消费者公平关切行为对于竞争企业价格策略和利润的影响。他们考虑两个竞争企业，每个企业销售各自品牌下的两种同类型差异化的产品。由于消费者对同品牌下的差异化产品的价格不同会产生公平关切行为，从而影响其购买效用和购买决策，基于此，文章进行建模分析，结果发现，当消费者公平关切行为很强的时候，均衡价格策略是均一价格策略（uniform pricing strategy），也就是说，同品牌的两种同类型差异化产品价格相等。同样他们也证明这种竞争环境下的消费者关切影响下的均一价格策略相对于不考虑消费者公平关切的非均一优化价格策略（non-uniform pricing strategy）可以是利润更高的，并且即使企业能够不计成本地消除消费者的公平关切疑虑，企业仍然没有激励单方面偏离均一价格策略。我们基于 Chen 和 Cui（2013）的研究结果，考虑消费者对于同品牌差异化产品价格公平感知行为的影响，产生价格均一策略，那么针对渠道结构优化问题，结合 McGuire 和 Staelin（1983）的研究方法，考虑在价格是否为均一策略两种情况下，竞争渠道的均衡结构情况如何。

5.2 基准模型

我们考虑两条竞争渠道（或供应链），分别销售各自品牌下同类型差异化的两种变体产品。根据制造商的决策，共产生四种渠道结构：II，ID，DI，DD，其中 I 代表集权式渠道（直销），D 代表分权式渠道（分销），字母组合代表两个制造商的各自渠道结构。II 表示两个制造商均选择集权式渠道或者直销模式；DD 表示两个制造商均选择分权式渠道或者分销模式；ID 和 DI 表示其中一个制造商选择集权式渠道，另一个制造商选择分权式渠道。图 5.1 对四种渠道结构进行了示意。注意到我们关注两个对称的制造商，因此这里只需要分析三种结构系统，即纯集权式系统（II）、纯分权式系统（DD）和混合系统（ID 或者 DI）。

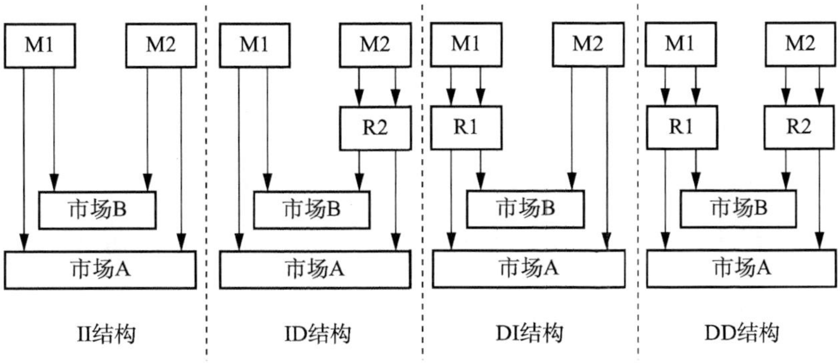

图 5.1 四种渠道结构

我们用 i（i=A，B）代表品牌变体，j（j=1，2）代表渠道或者供应链。我们称购买品牌变体 A 的消费者构成市场 A，购买品牌变体 B 的消费者构成市场 B，这一假设和 Chen 和 Cui（2013）一致。不失一般性，我们采用文献中广泛使用的典型的线性需求函数形式（Coughlan 和 Wernerfelt，1989；Choi，1991；Basuroy et al.，2001；Bolandifar et al.，2016）。基本上这种标准线性需求函数形式是从替代性需求的消费者效用函数推导而来（Spence，1976；Dixit，1979）。

其中，我们用 a 代表市场 B 的市场规模大小，注意到我们假设市场 A 消费者群体更大，因此不失一般性，市场 A 的规模大小假设为 1。假设存在两个市场分别的产品竞争替代率，可以理解为竞争产品需求价格弹性和自身产品需求价格弹性的比值。当替代率为 0 时，表明产品之间不存在竞争，需求独立；当替代率为 1 时，竞争产品完全替代。与相关研究（Trivedi，1998；Bolandifar et al.，2016）类似，我们假设每个市场上竞争产品的替代性相同。

接下来我们写出制造商和零售商在分权式渠道结构和集权式渠道结构下的利润函数。假设产品生产成本相同，不失一般性简化为0。模型的事件顺序如下：在第一阶段，两个制造商同时决策其渠道结构策略。具体来说，每个制造商可以选择集权式（I）或者分权式渠道（D）。在第二阶段，即有三种渠道结构需要讨论：如果形成纯集权式系统（II），则两个制造商同时决策零售价格。如果形成纯分权式系统（DD），则两个制造商在斯塔克尔伯格博弈中同时决策批发价格；然后在第三阶段，零售商分别决策其零售价格。如果形成混合系统（ID或者DI），那么分权式的制造商先决策批发价格；然后在第三阶段，零售商和集权式的制造商同时决策零售价格。最后消费者进行购买，需求形成。我们假设制造商和零售商都是风险中性且目标为最大化自己的利润。通过逆向归纳法，我们求解得到子博弈完美纳什均衡。在分析竞争供应链模型之前，我们首先将垄断供应链作为基准情况进行分析，有如下结论。

考虑一条销售品牌变体的供应链，在非均一化和均一化两种价格策略情形下，制造商均更倾向于采用集权式渠道结构。直观来讲，表明制造商采用直销模式更为受益，这种情况下可以消除双边际效应，降低零售价格，提高销量，从而增加制造商和整个渠道利润。下面我们将关注竞争供应链的情况，和上述基准情况进行比较可以让我们更好地探究竞争的影响。

5.3　非均一化价格情形

我们先看非均一价格情形。要决定制造商的最优渠道选择，首先需要查看渠道选择如何影响博弈双方的价格决策。通过逆向归纳法，我们求解四种渠道结构下的均衡结果。通过比较各个渠道结构下的结果，我们可以得到制造商的均衡策略。

我们可以发现，品牌变体产品的均衡价格和需求依赖于各自市场规模大小和产品替代率，且均衡价格、需求和利润随市场规模大小和产品替代率递增。产品替代率高低代表需求随竞争产品价格变动的改变程度，竞争产品价格的提高会增加自己的需求。如果产品替代率增高，竞争产品价格变动对于自身需求的影响会变大。因而，企业会有更大的空间来提高价格和需求。另外，注意到当 a 为 0 时，我们非均一化价格情形下的模型将简化为 McGuire 和 Staelin（1983）的模型。

接下来，我们对非均一化价格情形下的各渠道结构的均衡结果进行比较。

先分析批发价格和零售价格如何随着渠道结构改变而变化。实际上，品牌变体的批发价格在竞争渠道分权式时比集权式的情况高，这是缘于竞争渠道分权化带来的双边际效应。同样的道理，零售价格在纯分权式系统中最高。我们对零售价格进行比较，发现品牌变体在直销模式下的零售价格低于分销模式。直销模式节省了双边际效应成本，从而为消费者带来更低的价格，而分销模式提供了这样一种竞争缓冲，使得零售价格增加，这也与 McGuire 和 Staelin（1983）的研究结果一致。因此，渠道的分权化也给消费者福利带来了损失。

接着分析需求如何受渠道结构的影响。我们发现，对任一品牌变体，直销模式下的需求比分销模式高，不论竞争制造商采取哪种模式。这一结果很直观，因为分销模式相比于直销模式产生更高的零售价格。进一步，我们比较纯系统和混合系统之间的需求，即 II vs. ID，DD vs. DI。发现对任一品牌变体，竞争渠道分权化时的自身需求更高。当竞争制造商从集权式结构变为分权式结构时，自身品牌变体的零售价格会因此增高，然而，价格增高带来的需求降低的影响可能小于替代效应带来的需求增加的影响。因此，当竞争渠道分权化时，品牌变体的需求增加。

当竞争制造商从集权式结构变为分权式结构时，自身制造商的利润会增加。这是因为当竞争制造商从 DI（II）偏离为 DD（ID）时，可以减轻制造商之间的竞争效应。然而，对于发生偏离的制造商的利润变化不是很直观。因此，我们接下来会针对制造商本身的偏离行为对其利润的影响进行探究，从而刻画其均衡渠道策略。

我们发现，对称的制造商的均衡策略也是对称的，混合系统不会成为均衡。具体来说，面对集权式的竞争制造商，直销模式一直是最优的。前面提到，垄断制造商总是倾向于采用直销模式。然而，在一个竞争的环境中，分销模式也可能成为均衡。

当 B 市场产品替代率较高并且市场 B 的规模较大时，即使 A 市场产品替代率较低，DD 也有可能成为均衡。我们解释这一结果如下：制造商的选择主要依赖于两个市场之间影响的权衡以及直销和分销模式的利益比较。当市场 B 的规模较大时，分销模式更占优，因此 DD 可能成为均衡；反之，制造商没有激励去进行分销则会更倾向于选择集权式的渠道结构。

在某些情况下，制造商在面对分权式结构的竞争渠道时更倾向于采取集权式的渠道结构。纯分权式系统无法成为纳什均衡，而使得纯集权式系统成为唯一纳什均衡。因此，交集部分可能出现囚徒困境。

假设 B 市场产品替代率为 1，在非均一化价格情形下，当市场 B 的规模较小时，DD 只有在市场 A 的产品替代率较高时才会成为纳什均衡；当市场 B 的规模居中时，DD 在市场 A 的产品替代率较低时也可能成为纳什均衡；当市场 B 的规模较大时，DD 成为纳什均衡不会受到市场 A 的产品替代率高低的影响。因此，DD 在 a 或者 A 市场产品替代率较大时更可能成为纳什均衡策略。

5.4　均一化价格情形

上一节我们主要分析了非均一化价格情形下的渠道结构均衡，本节我们聚焦均一化价格情形。与上一节不同的是，同一渠道品牌变体的价格要求相等。我们比较均一价格情形下的各个渠道结构的均衡结果，发现批发价格、零售价格和制造商利润之间的关系和非均一化价格情形下相同。我们知道两个品牌变体的需求关系在非均一化价格情形下是相同的，即对任一品牌变体，需求在混合系统 ID 最高，在混合系统 DI 最低，在纯系统介于二者之间，且在 II 较高。然而，在均一化价格情形下，各渠道结构下的需求关系较为复杂。

在均一化价格情形下，当不对称的品牌变体产品价格相等时，对需求产生的影响是不对称的。具体地，对于品牌变体 A，当市场 A 的产品替代率增大，也就是说 A 市场和 B 市场的产品替代率之间的差距缩小时，品牌变体 A 的需求大小关系逐步发生变化。这是由自身产品价格的直接效应和竞争产品替代的间接效应的强弱对比决定的。当市场 A 的产品替代率较小时，自身产品价格的直接效应强于竞争产品替代的间接效应，因而在竞争渠道分权化时自身需求降低。当 A 市场和 B 市场的产品替代率之间的差距缩小时，替代的间接效应慢慢强于自身产品价格的直接效应，因而在竞争渠道分权化时自身需求也会增高。然而，对于品牌变体 B，需求在混合系统 ID 最高，在纯系统 DD 最低，在 II 高于 DI。这是因为在均一化价格情形下，品牌变体 B 之间的两个产品替代效应被减弱。

接下来我们比较均一化价格情形下的制造商利润，并对其均衡策略进行阐述。在均一化价格情形下，渠道均衡策略并不受市场 B 的规模大小影响，这和非均一化价格下的情况有一些不同。我们的结果实质上也是对 McGuire 和 Staelin（1983）结果的补充，在他们的模型中即使市场规模大小假设为其他非 1 的参数，主要结果仍然成立。

我们观察到 II 一直是纳什均衡。然而，A 市场和 B 市场的产品替代率均较高时，DD 成为纳什均衡，与 a 的大小无关。在均一化价格情形下的渠道均衡策略和非均一化价格情形下的不尽相同。具体来看，即使市场 B 的产品替代率较大，如果 A 市场的产品替代率较小，制造商仍然不会从 ID（DI）偏离到 DD，不管 a 多大。但是如果在非均一化价格情形下，以上条件可能足以使得 DD 成为均衡。

比较在非均一化或是均一化价格情形下，II 都是制造商的均衡策略。换句话说，在两种价格情形下制造商均没有激励偏离 II 到 DI（ID）。有趣的是，DD 成为均衡的条件会根据价格情形的不同产生较大的差异。在我们的主体模型中，我们假设品牌变体 A 相较于 B 具有较大的市场规模和较低的产品替代率。与 McGuire 和 Staelin（1983）的研究结论不同，在非均一化价格情形下，DD 可以在市场 A 的产品替代率较小时成为均衡。市场规模大小和产品替代率高低均会对制造商的渠道策略产生重要影响。即使当市场 A 的产品替代率很小时，只要两种品牌变体产品的市场规模大小差距较小，并且市场 B 的产品替代率较大，DD 可以成为均衡。对比而言，在均一化价格情形下，DD 只有在市场 A 和市场 B 的产品替代率均较大时才会成为均衡，博弈的均衡结果不会受到市场规模大小的影响。

Chen 和 Cui（2013）研究表明，在产品类别需求可拓展的情况下，均一化价格可以带来企业利润的增加。这一结果实际上是基于 II 的渠道结构，这里我们放松对于产品类别可拓展性的假设，并放松到更一般化的模型假设上。我们表明上述结论不仅在 II 也在 DD 结构下成立。一般直观上，相较于均一化价格情形，制造商应该在非均一化价格情形下更受益，因为均一化价格情形存在价格相等的约束条件，而非均一化价格情形下定价是灵活的。相反，在某些条件下，制造商利润在均一化价格情形下实质是更高的。具体来说，当品牌变体的零售价格在均一化价格情形下介于非均一化价格情形的零售价格之间时，如果品牌变体间的零售价格差距在非均一化价格情形下较小，那么制造商利润的高低比较主要依赖于产品需求大小。在竞争的环境中，产品需求总的来说可能会在均一化价格情形下变高，从而导致制造商利润的增高。这一结果是有趣的，因为在我们的模型中，竞争可能会在均一化价格情形下反而给制造商带来更多好处。

5.5 模型扩展分析

目前我们是以制造商利润的视角对渠道均衡策略进行划分，那么一个直观的问题就是如果我们从整条渠道出发，那么渠道均衡策略会有哪些变化，是否结果有所不同。因此，本小节主要考虑将整条渠道利润作为决策标准来对渠道均衡策略进行讨论。总的来看，将整条渠道利润作为决策标准时，满足 DD 成为均衡的参数范围相应扩大，即 DD 成为均衡的可能性增大。尽管如此，并不能完全消除 II 作为纳什均衡的可能性。

本章基本模型中，我们考虑到市场 B 的产品更为相似且差异性可能更小，因而假设市场 B 的产品替代率高于市场 A。然而，较为不流行的产品不一定会必然相似。这里我们放松基本模型中的假设条件，考虑市场 A 的产品替代率可能高于市场 B 的情况，研究渠道均衡策略会如何改变。该拓展情形下的分析结果表明基本模型中的主要结果依然成立。这里，我们对非均一化价格情形做分析，因为均一化价格情形下的渠道均衡策略依赖于市场 A 和市场 B 的产品替代率之和，并不受到替代率相对高低关系的假设影响。

我们发现，当市场 A 竞争较为激烈时，如果市场 B 的规模较大，DD 则只有在市场 B 的产品替代率足够高时成为纳什均衡；如果市场 B 的规模居中，DD 即使在市场 B 的产品替代率较低时也可能成为纳什均衡；如果市场 B 的规模较小，DD 成为纳什均衡则不受市场 B 的产品替代率的影响。特别的是，随着 a 增大，满足 DD 成为均衡的产品替代率的范围减小。

最后，在基本模型里面我们假设制造商排他性地销售品牌变体给下游零售商，这里我们建立模型考虑销售给非排他性的共有零售商如在线平台的情况，并与基本模型做比较。Choi（1991）分析了一个共同零售商的渠道结构，并与其他三种供应链成员间不同权力结构的博弈模型比较。而我们的分析着重于研究销售品牌变体的制造商的渠道结构策略，侧重点并不相同。

在线平台经常使用不同的销售工具（如推荐和在线评论系统）来帮助跨品牌产品销售以及增加市场份额（Oestreicher 和 Sundararajan，2012；Jabr 和 Zheng，2013）。这种推荐和聚集产品的能力可以增加竞争品牌之间的积极溢出效应（正外部性带来的需求增加），使得消费者在搜索和购买产品时更加方便。为了反映这一特性，我们在共有零售商模型中假设品牌变体产品的市场规模大小相较于主模型会相应扩大，用来刻画溢出效应。

通过逆向归纳法，我们求解得出该情形下的均衡结果，并刻画非排他性零售商情形下的渠道结构均衡。在平台渠道销售成为均衡取决于两个效应之间的权衡：一个是正向的溢出效应，另一个是负向的垄断效应。垄断效应会带来零售价格的增高，使得批发价格和销量降低。当平台溢出效应较小时，负向垄断效应相对占优，因此分权化结构对制造商不利，平台渠道销售难以成为均衡。有趣的是，当平台溢出效应较大时，由于正向溢出效应的增强，平台渠道销售可能成为均衡。

值得注意的是，当产品替代率很高时，平台渠道销售不一定会成为均衡。这和主模型的结论不相同。当平台溢出效应不是很大时，制造商有激励偏离平台渠道销售，尤其是当产品替代率较高时，因为此时平台的垄断作用会增强。

当平台溢出效应较小时，非排他性的平台有更强的价格操纵能力和影响，使得品牌变体的价格增加，需求降低。考虑到这种情况，制造商会降低批发价格来刺激需求，因此导致自己利润降低。然而，当平台溢出效应较大时，相较于排他性的零售商，销售给非排他性的平台可能对制造商更有利。对于零售商而言，在非排他性的情形下其利润更高。注意到 Choi（1991）表明制造商有激励去维持排他性零售商关系，而零售商则在非排他性的情形下更优，这会导致渠道冲突。不同的是，我们的研究发现当平台溢出效应较大时，制造商和平台零售商均可以在非排他性的情形下变得更好。

5.6 小结

渠道分析和优化是供应链管理领域最常见最重要的研究问题之一。分销渠道和直销渠道是渠道结构的两个最基本的形态。分销渠道的优势在于分销商的规模相对制造商较小，从而更容易准确把握市场变化的规律。但在制造商和分销商分别决策的时候会产生双边际效应，使得系统的总体利润达不到最优值。但单纯要求上下游自发进行合作是非常困难的，因为即使合作形成，双方仍然均有激励偏离合作的均衡点以增加自身的利润。而渠道设计的目的就是在非合作的基础上，通过设计不同的合同与机制使得双方的决策最大可能地逼近系统的最优值，减小双边际效应带来的影响，以使得供应链的效率上升。关于减弱双边际效应机制的设计，学者们做了大量的研究，比如有研究表明，当制造商的产品存在激烈竞争情况时，企业会选择分销渠道，在效率上比直销渠道高。

大多文献对渠道结构的分析和优化主要针对每条渠道销售单个产品的情况，基于此，我们试图考虑两条竞争渠道销售各自品牌下的同类型的差异化产品，在此过程中，需要考虑价格策略对消费者公平感知行为的影响。在行为和实验经济学中和消费者行为学中，人对价格的公平关切行为也受到了极大关注，在企业实践中也发现公平关切行为的重要影响。价格是影响消费者选择产品或服务的重要因素之一，大量研究考虑消费者为何会感受到价格不公平以及这些行为因素如何影响其购买行为。因此，了解消费者公平关切感知的显著影响，在建立收益管理和价格模型的时候把公平关切感知行为考虑在内，是目前这部分研究领域的一个空白，具有一定的理论和管理实践意义。

本章主要考察制造商在竞争环境下该如何选择渠道策略来销售其品牌变体。和前一章相同的是都考虑消费者行为在企业商业活动中的影响。由于消费者存在公平感知行为，会影响企业的价格策略，形成市场上广泛存在的两种主要价格形式，因此本章在考虑非均一化价格和均一化价格这两种情形下对制造商的策略进行了分析。虽然品牌变体和分类情况的讨论使得问题求解较为复杂，但通过合理的假设和系统性的证明，本章求得基本模型的均衡解。通过分析制造商的最优决策，我们发现，在竞争环境下，纯分权式系统（分销模式）在一定的条件下可以成为均衡，但其均衡条件在两种不同的价格情形下较为不同。McGuire 和 Staelin（1983）对单个产品的结论表明，分权式结构只有在产品替代率较强时才可以成为均衡。而我们考察同一类别下的品牌变体，假设是排他性的零售商渠道时，发现在均一化价格情形下，渠道均衡策略只有在两个品牌变体市场中产品替代率均较大时制造商才会选择分权式结构，其结果不受市场规模大小影响。而在非均一化价格情形下，市场规模和产品替代性都对渠道均衡有重要影响，即使品牌变体中产品替代率较低时制造商也可能会选择分权式结构，这丰富了 McGuire 和 Staelin（1983）关于单一产品的结论。因而，相较于均一化价格情形，分权式结构均衡在非均一化的价格情形下更容易发生。

如果是非排他性的零售商渠道，我们发现只有在溢出效应较强时分权式结构才可能成为均衡。和排他性零售商情形不同的是，较强的产品替代率不一定会使得分权式结构成为均衡。另外，当溢出效应较强时，渠道成员均会在非排他性零售商的情形下变得更好。我们的结论也在一定程度上解释了现在市场上电子商务和在线平台的兴起和繁荣。

本章同样也对两种不同价格情形的利润做了一些对比。反直观的是，在某些条件下，制造商利润在均一化价格情形下实质是更高的。这是因为，在竞争的环境中，产品需求总的来说可能会在均一化价格情形下变高，从而导致制造商利润的增高。与 Chen 和 Cui（2013）的模型相比，我们不仅比较了集权式结构下的利润，由于将模型扩展到两级供应链的视角，即也讨论了上游制造商和下游零售商的分权式渠道结构。因此我们的结论一方面是对 Chen 和 Cui（2013）的补充，另一方面也使得不同价格情形下利润比较的结论更加一般化。

当然，本研究也有一些局限性，那么也希望有进一步的工作来完善。第一，本研究在假设建立的时候做了一些简化，比如假设两个差异化产品的市场是互相独立没有交集的，现实中的情况可能更为复杂，在以后的研究中也可以进一步考虑两个市场有交集的情况。第二，本研究的重点在于给定两种消费者公平关切情况的考虑，对应两种价格策略下，竞争渠道的结构如何进行优化。在这里我们并没有考虑消费者公平关切存在但是程度不是很强的情况，可以作为后续研究。第三，如今电子商务迅猛发展，给渠道结构带来快速变化，现实中的渠道结构可能比我们模型构造的要复杂许多。第四，如果能有一些市场调研数据或者实验数据对我们的模型分析进行支持会更好。

第6章

结　语

6.1　考虑人的行为和产品差异的运营决策总结

本书主要考察了供应链中人的行为和产品差异对运营决策的影响。随着网络信息化与电子商务的飞速发展，供应链的结构变得更加复杂和多样化。针对不同供应链结构下的运营决策问题，我们考虑人的异质性差异和文化差异，以及产品的差异特征的影响，从而在进一步的分析中完善之前的理论缺陷并得到贴合实际的管理启示。

本书首先通过沃尔玛的背景案例引出运营决策中人的行为和产品差异的重要性。然后详细介绍了供应链中人的行为差异特征，主要是针对传统供应链研究中“理性经济人”假设的不足，提出两大行为挑战，即有限理性偏差和社会偏好效应。通过展示供应链上企业和消费者的交互过程，介绍了供应链中产品的差异特征。结合供应链中人的行为和产品差异特征，介绍了运营管理中的订货决策、自有品牌引入和品牌变体销售等相关研究问题。

我们分别在后续各个章节均对国内外相关研究和核心文献进行了回顾，这有助于我们对研究问题进行准确刻画，从而提炼本书研究的切入点。对于行为因素，我们主要考虑两方面：一方面是有限理性偏差，即人在做决策时往往不是完全理性的，一般具有有限处理信息和解决复杂问题的能力。另一方面是社会偏好，即人在做决策的时候不仅考虑自己的收益，同时也会考虑相关主体的利益，主要体现在不平等厌恶、互惠性和信任等方面。我们结合文化、个体异质性和公平关切差异，对运营和营销管理绩效的影响进行了相关的文献梳理。

通过邀请中国前五百强的四个企业（联想、神华、中国物资储运、通用）的管理者作为实验对象进行报童决策订货实验，本书分析了中国企业的管理者进行运营决策的特点以及影响因素，研究文化差异和个体异质性差异对报童决策的影响。第 3 章首先考察了中国企业管理者的平均订货行为表现，具体包括在需求追逐趋势、订货量水平、期望利润以及订货量方差四个方面的表现。结论表明，中国的实验对象需求追逐趋势更高，订货量更加偏离理论最优订货量且具有更低的期望利润。另外，中国实验对象的订货量方差更低。第 3 章还进一步说明，上述结论在考虑个体认知差异的情况下并不完全一致。一方面，个体认知水平差异对报童决策的文化差异起到了调节作用；另一方面，文化差异也对个体认知差异决策起到了调节作用，相对于美国实验对象而言，中国实验对象不同认知水平的决策结果对比并不是很显著。因而，文化差异和个体异质性差异具有交互作用。

第 4 章主要考察在两级供应链结构下，零售商引入质量差异化自有品牌的原因和条件。其中主要对消费者质量偏好的异质性以及微观选择行为进行刻画，分析其运营和营销决策的影响。第 4 章考察了自有品牌质量外生和内生的情形，发现当制造商品牌的质量较低时，零售商更有可能引入高质量的自有品牌；而当制造商品牌质量增高时，零售商更可能倾向于引入低质量的自有品牌。对于零售商而言，较高的制造商品牌质量会加大其引入高质量自有品牌的难度。第 4 章还进行了一些结果对比。发现相较于未引入自有品牌的情况，制造商品牌的需求在引入低质量自有品牌时会降低，而在引入高质量自有品牌时，制造商品牌的需求可能出现增高的情况。另外，相对于引入低质量自有品牌的情况，在引入高质量自有品牌时，制造商品牌的批发价格、零售价格和需求以及制造商利润反而有可能增加。进一步地，通过对比自有品牌质量外生的情形，自有品牌质量的内生化可能给零售商和制造商都带来利润的增加。

第 5 章在竞争供应链结构下，主要考察制造商该如何选择渠道策略来销售其品牌变体产品。由于消费者存在公平感知行为差异，会影响企业的价格策略差异化，形成市场上广泛存在的两种主要价格形式，因此第 5 章在考虑非均一化和均一化价格这两种情形下对制造商的策略进行了分析。虽然品牌变体和分类情况的讨论使得问题求解较为复杂，但通过合理的假设和系统性的证明，本章求得基本模型的均衡解。第 5 章的结果表明，在排他性的零售商情形下，纯分权式系统可以成为均衡，但是均衡条件在不同的价格情形下较为不同。具体来说，在均一化的价格情形下，只有两个品牌变体产品的替代率都很高时，纯分权式系统才会成为均衡；而在非均一化价格情形下，市场规模和产品替代性都有重要影响，即使在其中一个品牌变体产品替代率较低时，纯分权式系统也是有可能成为均衡的。第 5 章还考察了非排他性的平台零售商的情形，发现这种情况下较强的产品替代率不一定会使分权式结构成为均衡，并且，相较于排他性的零售商情形，渠道成员利润均可能在非排他性零售商的情形下变高。

6.2　未来研究趋势

目前，供应链研究中的行为运营和营销交叉决策还相对较少，本书从市场实践中的现象和已有文献的研究基础出发，对供应链行为运营和营销决策进行研究，得到了一些有意义的结果。同时本书对于人的行为和产品差异的运营决策研究仍然具有一定的局限性，在未来还可以进一步从以下几个方面进行具体和深入的分析探讨：

首先，对于报童决策行为研究，我们的样本量没有理想状态那么大。尽管在统计意义上样本大小已经足够分析结果给出启示，当然充分的样本量是更好。并且，由于没有对照组实验的具体细节数据，跨文化的比较是基于参照研究文章中的归纳数据进行的计算。如果我们能够自己邀请中国和美国实验对象进行对照实验会更为理想。

其次，除了报童模型决策，还可以考察其他的运营决策中的个体异质性差异和文化差异的影响。报童模型是运营管理中的经典模型，是结合运营理论研究和现实实践的一个窗口，其重要性非常明显。尽管如此，报童决策模型已经涌现较多的行为研究，而供应链上其他场景的行为研究还很缺乏。比如，针对供应链上制造商和零售商上下游之间的博弈行为，是否可以对个体差异和文化差异进行研究，结合心理学和实验经济学的方法和思想，凸显供应链决策中的具体不同的特点，得到一些新的结果，挖掘更多的管理启示和意义。

再次，本书主要考虑的是单周期的模型。我们在报童决策的研究部分进行了多个周期的实验，但是为了聚焦本书的主要研究问题和决策，在模型研究部分只考虑了一个周期的情况，而现实中的决策周期可能是多个。在不同的周期，企业的库存水平和市场状态可能不同，而企业的运营和营销决策可能会受到影响。我们可以结合收益管理中的动态规划的思想，解决本书供应链决策中的多周期问题，由此可以作为未来研究的一个拓展方向。

最后，理论模型部分的结果可以寻求实证数据进行验证。我们考察供应链上制造商和零售商的最优策略选择，考虑了一些参数的影响。如果有条件做一些田野实验或者获取相应的企业数据，进行实证研究来对模型的参数和结果进行拟合验证，便是一个闭环类型的研究，可以更好地凸显本书的理论贡献和价值。

参考文献

[1] Akerlof, G., 1982. Labor Contracts as Partial Gift Exchange. Quarterly Journal of Economics, 97/4: 543-569.

[2] Ailawadi K. L., Harlam B., 2004. An empirical analysis of the determinants of retail margins: The role of store - brand share. Journal of Marketing, 68 (1): 147-165.

[3] Amaldoss, W., Shin, W., 2015. Multitier store brands and channel profits. Journal of Marketing Research, 52 (6): 754-767.

[4] Amrouche, N., Yan, R., 2012. Implementing online store for national brand competing against private label. Journal of Business Research, 65 (3): 325-332.

[5] Anderson, E. T., Simester, D. I., 2008. Research note—does demand fall when customers perceive that prices are unfair? The case of premium pricing for large sizes. Marketing Science, 27 (3): 492-500.

[6] Anderson, E., Weitz, B., 1992. The use of pledges to

build and sustain commitment in distribution channels. Journal of Marketing Research, 18-34.

[7] Arrow, K. J., Harris, T., Marschak, J., 1951. Optimal inventory policy. Econometrica: Journal of the Econometric Society, 250-272.

[8] Ashraf, N., Bohnet, I., Piankov, N., 2006. Decomposing Trust and Trustworthiness. Experimental Economics, 9/3: 193-208.

[9] Ba, S., Pavlou, P. A., 2002. Evidence of the effect of trust building technology in electronic markets: Price premiums and buyer behavior. MIS Quarterly, 243-268.

[10] Banker, R. D., Khosla, I., Sinha, K. K., 1998. Quality and competition. Management Science, 44 (9): 1179-1192.

[11] Bardi, A., Goodwin, R., 2011. The dual route to value change: Individual processes and cultural moderators. Journal of Cross-cultural Psychology, 42 (2): 271-287.

[12] Basuroy, S., Mantrala, M. K., Walters, R. G., 2001. The impact of category management on retailer prices and performance: Theory and evidence. Journal of Marketing, 65 (4): 16-32.

[13] Baye, M. R., Morgan, J., 2009. Brand and price advertising in online markets. Management Science, 55 (7): 1139-1151.

[14] Bendoly, E., Croson, R., Goncalves, P., Schultz, K., 2010. Bodies of knowledge for research in behavioral opera-

tions. Production and Operations Management, 19 (4): 434-452.

[15] Bendoly, E., Donohue, K., Schultz, K. L., 2006. Behavior in operations management: Assessing recent findings and revisting old assumptions. Journal of Operations Management, 24 (6): 737-752.

[16] Benzion, U., Cohen, Y., Peled, R., Shavit, T., 2008. Decision-making and the newsvendor problem-an experimental study. Journal of Operational Research Society, 59 (9): 1281-1287.

[17] Berg, J., Dickhaut, J., McCabe, K., 1995. Trust, Reciprocity, and Social History. Games & Economics Behavior, 10/1: 122-142.

[18] Bohnet, I., Zeckhauser, R., 2004. Trust, Risk and Betrayal. Journal of Economic Behavior & Organization, 55/4: 467-484.

[19] Bolandifar, E., Kouvelis, P., Zhang, F., 2016. Delegation vs. control in supply chain procurement under competition. Production and Operations Management, 25 (9): 1528-1541.

[20] Bolton, G. E., Katok, E., 2008. Learningby doing in the newsvendor problem: A laboratory investigation of the role of experience and feedback. Manufacturing and Service Operations Management, 10 (3): 519-538.

[21] Bolton, G. E., Ockenfels, A., 2000. ERC: A Theory of Equity, Reciprocity, and Competition. American Economic

Review, 90/1: 166-193.

[22] Bolton, G. E., Ockenfels, A., 2008. The Limits of Trust in Economic Transactions-Investigations of Perfect Reputation Systems. Working Paper.

[23] Bolton, L., Warlop, L., Alba, J., 2003. Consumer Perceptions of Price (Un) Fairness'. Journal of Consumer Research, 29/4: 474-491.

[24] Bostian, A. A., Holt, C. A., Smith, A. M., 2008. Newsvendor "pull-to-center" effect: Adaptive learning in a laboratory experiment. Manufacturing and Service Operations Management, 10 (4): 590-608.

[25] Briley, D. A., Morris, M. W., Simonson, I., 2000. Reasons as carriers of culture: Dynamic vs. dispositional models of cultural influence on decision making. Journal of Consumer Research, 27 (2): 157-178.

[26] Buchan, N. R., Johnson, E. J., Croson, R. T., 2006. Let's get personal: An international examination of the influence of communication, culture and social distance on other regarding preferences. Journal of Economic Behavior & Organization, 60 (3): 373-398.

[27] Cachon, G. P., Lariviere, M. A., 2001. Contracting to assure supply: How to share demand forecasts in a supply chain. Management Science, 47 (5): 629-646.

[28] Camerer, C., 2003. Behavioral Game Theory: Experi-

ments in Strategic Interaction. Princeton, NJ: Princeton University Press.

[29] Cannon, J. P., Doney, P. M., Mullen, M. R., Petersen, K. J., 2010. Building long-term orientation in buyer-supplier relationships: The moderating role of culture. Journal of Operations Management, 28 (6): 506-521.

[30] Chambers, C., Kouvelis, P., Semple, J., 2006. Quality-based competition, profitability, and variable costs. Management Science, 52 (12): 1884-1895.

[31] Chang, T. Y., Yang, C. T., 2014. Individual differences in Zhong - Yong tendency and processing capacity. Frontiers in Psychology, (5): 1316.

[32] Charness, G., Rabin, M., 2002. Understanding social preferences with simple tests. The Quarterly Journal of Economics, 117 (3): 817-869.

[33] Charness, G., 2004. Attribution and Reciprocity in an Experimental Labor Market'. Journal of Labor Economics, 22/3: 665-688.

[34] Chen, C. C., Peng, M. W., Saparito, P. A., 2002. Individualism, collectivism, and opportunism: A cultural perspective on transaction cost economics. Journal of Management, 28 (4): 567-583.

[35] Chen L, Gilbert S. M., Xia Y., 2011. Private labels: Facilitators or impediments to supply chain coordination. Decision Sci-

ences, 42 (3): 689-720.

[36] Chen, Y., Cui, T. H., 2013. The benefit of uniform price for branded variants. Marketing Science, 32 (1): 36-50.

[37] Cherikh, M., 2000. On the effect of centralisation on expected profits in a multi-location newsboy problem. Journal of the Operational Research Society, 51 (6): 755-761.

[38] Chinta, R., Capar, N., 2007. Comparative analysis of managerial values in the USA and China. Journal of Technology Management in China, 2 (3): 212-224.

[39] Chintagunta P. K., Bonfrer A., Song I., 2002. Investigating the effects of store-brand introduction on retailer demand and pricing behavior. Management Science, 48 (10): 1242-1267.

[40] Chiu, C. Y., 2000. Assessment of zhong-yong (dialectic) thinking: Preliminary findings from a cross-regional study. 香港社会科学学报.

[41] Choi, S. C., 1991. Pricing competition in a channel structure with a common retailer. Marketing Science, (10): 271-296.

[42] Choi, S. C., Coughlan, A. T., 2006. Private label positioning: Quality versus feature differentiation from the national brand. Journal of Retailing, 82 (2): 79-93.

[43] Choi, S., Mattila, A. S., 2009. Perceived fairness of price differences across channels: The moderating role of price frame

and norm perceptions. Journal of Marketing Theory and Practice, 17 (1): 37-48.

[44] Chu, P. C., Spires, E. E., Farn, C. K., Sueyoshi, T., 2005. Decision processes and use of decision aids comparing two closely related nations in East Asia. Journal of Cross-Cultural Psychology, 36 (3): 304-320.

[45] Corbett, C. J., Zhou, D., Tang, C. S., 2004. Designing supply contracts: Contract type and information asymmetry. Management Science, 50 (4): 550-559.

[46] Coughlan, A. T., Wernerfelt, B., 1989. On credible delegation by oligopolists: A discussion of distribution channel management. Management Science, 35 (2): 226-239.

[47] Cox, T. H., Lobel, S. A., McLeod, P. L., 1991. Effects of ethnic group cultural differences on cooperative and competitive behavior on a group task. Academy of Management Journal, 34 (4): 827-847.

[48] Crawford, V., Iriberri, N., 2007. Level-k Auctions: Can a Nonequilibrium Model of Strategic Thinking Explain the Winner's Curse and Overbidding in Private-Value Auctions? Econometrica, 75/6: 1721-1770.

[49] Croson, R., Donohue, K., 2006. Behavioral causes of the bullwhip effect and the observed value of inventory information. Management Science, 52 (3): 323-336.

[50] Croson, R., Buchan N., 1999. Gender and culture: International experimental evidence from trust games. American Economic Review, 89/2: 386-391.

[51] Croson, R., Fatas E., Neugebauer T., 2005. Reciprocity, matching and conditional cooperation in two public goods games. Economics Letters, 87/1: 95-101.

[52] Cui, T., Raju, J., Zhang, Z., 2007. Fairness and channel coordination. Management Science, 53/8: 1303-1314.

[53] Cui, Y., Chen, L. G., Chen, J., Gavirneni, S., Wang, Q., 2013. Chinese perspective on newsvendor bias: An exploratory note. Journal of Operations Management, 31 (1-2): 93-97.

[54] Culnan, M. J., Armstrong, P. K., 1999. Information privacy concerns, procedural fairness, and impersonal trust: An empirical investigation. Organization Science, 10 (1): 104-115.

[55] Dana Jr, J. D., Petruzzi, N. C., 2001. Note: The newsvendor model with endogenous demand. Management Science, 47 (11): 1488-1497.

[56] Desai, P. S., 2001. Quality segmentation in spatial markets: When does cannibalization affect product line design? . Marketing Science, 20 (3): 265-283.

[57] Dhar, S. K., Hoch, S. J., 1997. Why store brand penetration varies by retailer. Marketing Science, 16 (3): 208-227.

[58] DiMaggio, P., 1997. Culture and cognition. Annual Review of Sociology, 23 (1): 263-287.

[59] Dixit, A., 1979. Model of Duopoly Suggesting a Theory of Entry Barriers, A. J. Reprints Antitrust L. & Econ., (10): 399.

[60] Doney, P. M., Cannon, J. P., 1997. An examination of the nature of trust in buyer-seller relationships. The Journal of Marketing, 35-51.

[61] Draganska, M., Jain, D. C., 2006. Consumer preferences and product-line pricing strategies: An empirical analysis. Marketing Science, 25 (2): 164-174.

[62] Dufwenberg, M., Kirchsteiger, G., 2004. A Theory of Sequential Reciprocity. Games & Economics Behavior, 47/2: 268-298.

[63] Dunne D., Narasimhan C., 1999. The new appeal of private labels. Harvard Business Review, 1999, 77 (3): 41-48.

[64] Eckel, C., P. Grossman., 2001. Chivalry and Solidarity in Ultimatum Games. Economic Inquiry, 39/2: 171-188.

[65] Eeckhoudt, L., Gollier, C., Schlesinger, H., 1995. The risk-averse (and prudent) newsboy. Management Science, 41 (5): 786-794.

[66] Elliot, A. J., Chirkov, V. I., Kim, Y., Sheldon, K. M., 2001. A cross-cultural analysis of avoidance (relative to approach) personal goals. Psychological Science, 12 (6): 505-510.

[67] Erlebacher, S. J., 2000. Optimal and heuristic solutions

for the multi-item newsvendor problem with a single capacity constraint. Production and Operations Management, 9 (3): 303-318.

[68] Falk, A., Fischbacher, U., 2006. A Theory of Reciprocity. Games & Economic Behavior, 54/2: 293-315.

[69] Fehr, E., Kirchler, E., Weichbold, A., Gachter, S., 1998. When social norms overpower competition: Gift exchange in experimental labor markets. Journal of Labor Economics, 16/2: 324-351.

[70] Fehr, E., Kirchsteiger, G., Riedl, A., 1993. Does fairness prevent market clearing? An experimental investigation. Quarterly Journal of Economics, 108/2: 437-459.

[71] Fehr, E., List, J., 2004. The hidden costs and returns of incentives-trust and trustworthiness among CEOs. Journal of the European Economic Association, 2/5: 743-771.

[72] Fehr, E., Schmidt, K., 1999. A theory of fairness, competition and cooperation. Quarterly Journal of Economics, 114/3: 817-868.

[73] Feng, T., Keller, L. R., Zheng, X., 2011. Decision making in the newsvendor problem: Across-national laboratory study. Omega, 39 (1): 41-50.

[74] Feng, T., Zhang, Y., 2017. Modeling strategic behavior in the competitive newsvendor problem: An experimental investigation. Production and Operations Management, 26 (7): 1383-1398.

[75] Ferris, D. L., Reb, J., Lian, H., Sim, S., Ang, D., 2018. What goes up must... Keep going up? Cultural differences in cognitive styles influence evaluations of dynamic performance. Journal of Applied Psychology, 103 (3): 347.

[76] Fischbacher, U., Gächter, S., Fehr, E., 2001. Are people conditionally cooperative? Evidence from a public goods experiment. Economics Letters, 71 (3): 397-404.

[77] Fisher, M., Raman, A., 1996. Reducing the cost of demand uncertainty through accurate response to early sales. Operations Research, 44 (1): 87-99.

[78] Forsythe, R., Horowitz, J., Savin, N., Sefton, M., 1994. Fairness in simple bargaining experiments. Games & Economic Behavior, 6/3: 347-369.

[79] Frederick, S., 2005. Cognitive reflection and decision making. Journal of Economic Perspectives, 19 (4): 25-42.

[80] Gavirneni, S., Isen, A. M., 2010. Anatomy of a newsvendor decision: Observations from a verbal protocol analysis. Production and Operations Management, 19 (4): 453-462.

[81] Gavirneni, S., Xia, Y., 2009. Anchor selection and group dynamics in newsvendor decisions—A note. Decision Analysis, 6 (2): 87-97.

[82] Gefen, D., Pavlou, P. A., 2012. The boundaries of

trust and risk: The quadratic moderating role of institutional structures. Information Systems Research, 23 (3-part-2): 940-959.

[83] Gerstner, E., Hess, J. D., 1995. Pull promotions and channel coordination. Marketing Science, 14 (1): 43-60.

[84] Gino, F., Pisano, G., 2008. Toward a theory of behavioral operations. Manufacturing and Service Operations Management, 10 (4): 676-691.

[85] Gneezy, U., 2005. Deception: The Role of Consequences. American Economic Review, 95/1: 384-394.

[86] Goyal, S. K., Gupta, Y. P., 1989. Integrated inventory models: The buyer-vendor coordination. European Journal of Operational Research, 41 (3): 261-269.

[87] Guess, C. D., 2004. Decision making in individualistic and collectivistic cultures. Online Readings in Psychology and Culture 4 (1): 3.

[88] Ha, A., Long, X., Nasiry, J., 2015. Quality in supply chain encroachment. Manufacturing & Service Operations Management, 18 (2): 280-298.

[89] Hämäläinen, R. P., Luoma, J., Saarinen, E., 2013. On the importance of behavioral operational research: The case of understanding and communicating about dynamic systems. European Journal of Operational Research, 228 (3): 623-634.

[90] Hansen, K., Singh, V., Chintagunta, P., 2006. Understanding store-brand purchase behavior across categories. Marketing Science, 25 (1): 75-90.

[91] Hansen, K., Singh, V., 2008. Research note—are store-brand buyers store loyal? An empirical investigation. Management Science, 54 (10): 1828-1834.

[92] Ho, T., Camerer, C., Weigelt, K., 1998. Iterated dominance and iterated best response in experimental p-beauty Contests. American Economic Review, 88/4: 947-969.

[93] Ho. T., Weigelt, K., 2005. Trust Building among Strangers. Management Science, 51/4: 519-530.

[94] Ho, T., Lim, N., Cui, T. H., 2010. Reference dependence in multi location newsvendor models: A structural analysis. Management Science, 56 (11): 1891-1910.

[95] Ho, T., Su, X., 2009. Peer-induced fairness in games. American Economic Review, 99/5: 2022-2049.

[96] Hofstede, G., 1996. Cultures and organizations. Software of the Mind. McGraw-Hill, New York, NY.

[97] Hofstede, G., 1980. Culture's Consequences: International Differences in Work-Related Values. SAGE Publications, Beverly Hills, CA.

[98] Hofstede, G., 2001. Culture's Consequences: Comparing

Values, Behaviors, Institutions, and Organizations Across Nations (2nd ed.). SAGE Publications, Thousand Oaks, CA.

[99] Holm, H. , Nystedt, P. , 2005. Intra-Generational Trust-A Semi-Experimental Study of Trust among Different Generations. Journal of Economic Behavior & Organization, 58/3: 403-419.

[100] Hsee, C. K. , Weber, E. U. , 1999. Cross-national differences in risk preference and lay predictions. Journal of Behavioral Decision Making, 12 (2): 165-179.

[101] Hutchinson, J. W. , Kamakura, W. A. , Lynch Jr, J. G. , 2000. Unobserved heterogeneity as an alternative explanation for "reversal" effects in behavioral research. Journal of Consumer Research, 27 (3): 324-344.

[102] Jabr, W. , Zheng, E. , 2013. Know yourself and know your enemy: An analysis of firm recommendations and consumer reviews in a competitive environment. Jabr, Wael and Eric Zheng. " Know Yourself and Know Your Enemy: An Analysis of Firm Recommendations and Consumer Reviews in a Competitive Environment" . MIS Quarterly. Accepted July.

[103] Jeuland, A. P. , Shugan, S. M. , 1983. Managing channel profits. Marketing Science, 2 (3): 239-272.

[104] Ji, L. J. , Peng, K. , Nisbett, R. E. , 2000. Culture, control, and perception of relationships in the environment. Journal of

Personality and Social Psychology, 78 (5): 943.

[105] Kahneman, D., Tversky, A., 1979. Prospect Theory: An analysis of decision under risk. Econometrica, 47/2: 263-291.

[106] Kahneman, D., Knetsch, J., Thaler, R., 1986. Fairness as a constraint on profit seeking: Entitlements in the market. American Economic Review, 76/4: 728-741.

[107] Kahneman, D., Knetsch, J., Thaler, R., 1986b. Fairness and the assumptions of economics. Journal of Business, 59/4: S285-S300.

[108] Kalapurakal, R., Dickson, P., Urbany, J., 1991. Perceived price fairness and dual entitlement. Advances in Consumer Research, 18/1: 788-793.

[109] Keren, B., Pliskin, J. S., 2006. A benchmark solution for the risk -averse newsvendor problem. European Journal of Operational Research, 174 (3): 1643-1650.

[110] Keser, C., Van Winden, F., 2000. Conditional cooperation and voluntary contributions to public goods. Scandinavian Journal of Economics, 102 (1): 23-39.

[111] Khouja, M., 1999. The single-period (news-vendor) problem: Literature review and suggestions for future research. Omega, 27 (5): 537-553.

[112] Kitayama, S., Duffy, S., Kawamura, T., Larsen, J., 2003. Perceiving an object and its context in different cultures: A

cultural look at a new look. Psychological Science, 14 (3): 201-206.

[113] Kremer, M., Minner, S., Van Wassenhove, L. N., 2010. Do random errors explain newsvendor behavior? . Manufacturing & Service Operations Management, 12 (4): 673-681.

[114] Kumar, N., 1996. The power of trust in manufacturer-retailer relationships. Harvard Business Review, 74 (6): 92.

[115] Kumar, N., 2007. Private label strategy: How to meet the store brand challenge. Harvard Business Review Press.

[116] Lee, J. -W., Yates, J. F., Shinotsuka, H., Singh, R., Onglateo, M. L. U., Yen, N. S., Gupta, M., Bhatnagar, D. Cross - national differences in overconfidence, Asian Journal of Psychology, 1 (1995): 63-69.

[117] Lehman, D. R., Chiu, C. Y., Schaller, M., 2004. Psychology and culture. Annual Review of Psychology, (55): 689-714.

[118] Levy, D., Bergen, M., Dutta, S., et al., 1997. The magnitude of menu costs: Direct evidence from large US supermarket chains. The Quarterly Journal of Economics, 112 (3): 791-824.

[119] Li, L., Zhang, H., 2008. Confidentiality and information sharing in supply chain coordination. Management Science, 54 (8): 1467-1481.

[120] Lin, C. T., Chen, C. B., Hsieh, H. J., 2001. Effects of centralization on expected profits in a multi-location newsboy prob-

lem. Journal of the Operational Research Society, 52 (7): 839-841.

[121] Lin, Y. T., Parlaktürk, A. K., Swaminathan, J. M., 2014. Vertical integration under competition: forward, backward, or no integration? . Production and Operations Management, 23 (1): 19-35.

[122] Lind, E. A., Tyler, T. R., 1992. A relational model of authority in groups. Advances in Experimental Social Psychology, (25): 115-92.

[123] Liu, Y., Tyagi, R. K., 2011. The benefits of competitive upward channel decentralization. Management Science, 57 (4): 741-751.

[124] Maddux, W., Yuki, M., 2006. The "ripple effect": Cultural differences in perceptions of the consequences of events. Personality and Social Psychology Bulletin, 32 (5): 669-683.

[125] Markus, H. R., Kitayama, S., 1991. Culture and the self: Implications for cognition, emotion, and motivation. Psychological Review, 98 (2): 224.

[126] Marsella, A., De Vos, G., Hsu, F. L. K., 1985. Culture andSelf. London: Tavistock.

[127] Martinsons, M. G., Davison, R. M., 2007. Strategic decision making and support systems: Comparing American, Japanese and Chinese management. Decision Support Systems, 43 (1): 284-300.

[128] McGuire, T. W. , Staelin, R. , 1983. An industry equilibrium analysis of downstream vertical integration. Marketing Science, 2 (2): 161-191.

[129] McKelvey, R. , Palfrey, T. , 1995. Quantal response equilibria for normal form games. Games & Economic Behavior, 10/1: 6-38.

[130] McMillan, R. , 2007. Different flavor, same price: The puzzle of uniform pricing for differentiated products. Working Paper.

[131] Metters, R. , Zhao, X. , Bendoly, E. , Jiang, B. , Young, S. , 2010. "The way that can be told of is not an unvarying way": Cultural impacts on Operations Management in Asia. Journal of Operations Management, 28 (3): 177-185.

[132] Mills D. E. , 1995. Why retailers sell private labels. Journal of Economics & Management Strategy, 4 (3): 509-528.

[133] Moorthy, K. S. , 1987. Comment - managing channel profits: Comment. Marketing Science, 6 (4): 375-379.

[134] Moorthy, K. S. , 1988. Product and price competition in a duopoly. Marketing Science, 7 (2): 141-168.

[135] Moorthy, K. S. , 1988. Strategic decentralization in channels. Marketing Science, 7 (4): 335-355.

[136] Moritz, B. B. , Hill, A. V. , Donohue, K. , 2013. Individual differences in the newsvendor problem: Behavior and cognitive

reflection. Journal of Operations Management, 31 (1-2): 72-85.

[137] Morse, M. P., Kimbal, G. E., 1951. Methods of Operations Research. M. I. T. Press, Cambridge, MA.

[138] Morton, F. S., Zettelmeyer, F., 2004. The strategic positioning of store brands in retailer-manufacturer negotiations. Review of Industrial Organization, 24 (2): 161-194.

[139] Nagel, R., 1995. Unraveling in Guessing Games: An Experimental Study. American Economic Review, 85/5: 1313-1326.

[140] Narasimhan, C., Wilcox, R. T., 1998. Private labels and the channel relationship: A cross-category analysis. The Journal of Business, 71 (4): 573-600.

[141] Nisbett, R. E., Miyamoto, Y., 2005. The influence of culture: Holistic versus analytic perception. Trends in Cognitive Sciences, 9 (10): 467-473.

[142] Nisbett, R. E., Peng, K., Choi, I., Norenzayan, A., 2001. Culture and systems of thought: Holistic versus analytic cognition. Psychological Review, 108 (2): 291.

[143] Norenzayan, A., Nisbett, R. E., 2000. Culture and causal cognition. Current Directions in Psychological Science, 9 (4): 132-135.

[144] Oestreicher-Singer, G., Sundararajan, A., 2012. The visible hand? Demand effects of recommendation networks in electronic

markets. Management Science, 58 (11): 1963-1981.

[145] Okada, T., 2014. Third-degree Price Discrimination with Fairness - concerned Consumers. The Manchester School, 82 (6): 701-715.

[146] Orbach, B. Y., Einav, L., 2007. Uniform prices for differentiated goods: The case of the movie-theater industry. International Review of Law and Economics, 27 (2): 129-153.

[147] Özer, Ö., Wei, W., 2006. Strategic commitments for an optimal capacity decision under asymmetric forecast information. Management Science, 52 (8): 1238-1257.

[148] Özer, Ö., Zheng, Y., Chen, K. Y., 2011. Trust in forecast information sharing. Management Science, 57 (6): 1111-1137.

[149] Özer, Ö., Zheng, Y., 2012. Behavioral issues in pricing management. The Oxford Handbook of Pricing Management, 415-460.

[150] Özer, Ö., Zheng, Y., Ren, Y., 2014. Trust, trustworthiness, and information sharing in supply chains bridging China and the United States. Management Science, 60 (10): 2435-2460.

[151] Parker, A. M., Fischhoff, B., 2005. Decision - making competence: External validation through an individual differences approach. Journal of Behavioral Decision Making, 18 (1): 1-27.

[152] Patsuris, P., 2001. Christmas sales: The worst growth in 33 years. Forbes. corn, 2001 \ [2005 - 4 - 3 \ ]. http: //

www. forbes. com/2001/10/30/1030retail. html.

[153] Pauwels, K., Srinivasan, S., 2004. Who benefits from store brand entry? . Marketing Science, 23 (3): 364-390.

[154] Pavlou, P. A., Dimoka, A., 2006. The nature and role of feedback text comments in online marketplaces: Implications for trust building, price premiums, and seller differentiation. Information Systems Research, 17 (4): 392-414.

[155] Peng, K., Nisbett, R. E., 1999. Culture, dialectics, and reasoning about contradiction. American Psychologist, 54 (9): 741.

[156] Pillai, R., Schriesheim, C. A., Williams, E. S., 1999. Fairness perceptions and trust as mediators for transformational and transactional leadership: A two-sample study. Journal of Management, 25 (6): 897-933.

[157] Polo, M., 1991. Hotelling duopoly with uninformed consumers. The Journal of Industrial Economics, 701-715.

[158] Power, D., Schoenherr, T., Samson, D., 2010. The cultural characteristic of individualism/collectivism: A comparative study of implications for investment in operations between emerging Asian and industrialized Western countries. Journal of Operations Management, 28 (3): 206-222.

[159] Quelch, J. A., Harding, D., 1996. Brands versus Private labels-Fighting to win.

[160] Rabin, M., 1993. Incorporating fairness into game theory and economics. American Economic Review, 83/5: 1281-1302.

[161] Raju, J. S., Sethuraman, R., Dhar, S. K., 1995. The introduction and performance of store brands. Management Science, 41 (6): 957-978.

[162] Ralston, D. A., Holt, D. H., Terpstra, R. H., Kai-Cheng, Y., 1997. The impact of natural culture and economic ideology on managerial work values: a study of the United States, Russia, Japan, and China. Journal of International Business Studies, 28 (1): 177-207.

[163] Ren, Y., Croson, R., 2013. Overconfidence in newsvendor orders: An experimental study. Management Science, 59 (11): 2502-2517.

[164] Ren, Z., Cohen, M., Ho, T., Terwiesch, C., 2010. Information sharing in a long-term supply chain relationship: The role of customer review strategy. Operations Research, 58 (1): 81-93.

[165] Rhee, B. D., 1996. Consumer heterogeneity and strategic quality decisions. Management Science, 42 (2): 157-172.

[166] Roth, A., Prasnikar, V., Okuno-Fujiwara, M., Zamir, S., 1991. Bargaining and market behavior in jerusalem, ljubljana, pittsburgh and tokyo: An experimental study. American Eco-

nomic Review, 81/5: 1068-1095.

[167] Ru, J., Shi, R., Zhang, J., 2015. Does a store brand always hurt the manufacturer of a competing national brand? . Production and Operations Management, 24 (2): 272-286.

[168] Sampson, E. E., 1988. The debate on individualism: Indigenous psychologies of the individual and their role in personal and societal functioning. American Psychologist, 43 (1): 15-22.

[169] Sayman, S., Hoch, S. J., Raju, J. S., 2002. Positioning of store brands. Marketing Science, 21 (4): 378-397.

[170] Scheer, L. K., Kumar, N., Steenkamp, J. B. E., 2003. Reactions to perceived inequity in US and Dutch interorganizational relationships. Academy of Management Journal, 46 (3): 303-316.

[171] Schimmack, U., Oishi, S., Diener, E., 2005. Individualism: A valid and important dimension of cultural differences between nations. Personality and Social Psychology Review, 9 (1): 17-31.

[172] Schwartz, S. H., Bilsky, W., 1990. Toward a theory of the universal content and structure of values: Extensions and cross-cultural replications. Journal of Personality and Social Psychology, 58 (5): 878.

[173] Schweitzer, M. E., Cachon, G. P., 2000. Decision bias in the newsvendor problem with a known demand distribution: Experimental evidence. Management Science, 46 (3): 404-420.

[174] Seenivasan, S., Sudhir, K., Talukdar, D., 2015. Do store brands aid store loyalty? . Management Science, 62 (3): 802-816.

[175] Sethuraman, R., 2009. Assessing the external validity of analytical results from national brand and store brand competition models. Marketing Science, 28 (4): 759-781.

[176] Shi, H., Liu, Y., Petruzzi, N. C., 2013. Consumer heterogeneity, product quality, and distribution channels. Management Science, 59 (5): 1162-1176.

[177] Shugan, S. M., 1985. Implicit understandings in channels of distribution. Management Science, 31 (4): 435-460.

[178] Simon, H., 1955. A Behavioral Model of Rational Choice. Quarterly Journal of Economics, 69/1: 99-118.

[179] Smith, P. B., Dugan, S., Trompenaars, F., 1996. National culture and the values of organizational employees: A dimensional analysis across 43 nations. Journal ofCross - cultural Psychology, 27 (2): 231-264.

[180] Spence, M., 1976. Product selection, fixed costs, and monopolistic competition. The Review of Economic Studies, 217-235.

[181] Stahl, D., Wilson, P., 1995. On Players' Models of Other Players: Theory and Experimental Evidence. Games & Economic Behavior, 10/1: 218-254.

[182] Stanovich, K. E., West, R. F., 2000. Advancing the ra-

tionality debate. Behavioral and Brain Sciences, 23 (5): 701-717.

[183] Su, X., 2008. Bounded rationality in newsvendor models. Manufacturing and Service Operations Management, 10 (4): 566-589.

[184] Tiwari, V., Gavirneni, S., 2007. ASP, the art and science of practice: Recoupling inventory control research and practice: guidelines for achieving synergy. Interfaces, 37 (2): 176-186.

[185] Triandis, H. C., Bontempo, R., Villareal, M. J., Asai, M., Lucca, N., 1988. Individualism and collectivism: Cross-cultural perspectives on self-ingroup relationships. Journal of personality and Social Psychology, 54 (2): 323.

[186] Triandis, H. C., McCusker, C., Hui, C. H., 1990. Multimethod probes of individualism and collectivism. Journal of Personality and Social Psychology, 59 (5): 1006.

[187] Tsay, A. A., Agrawal, N., 2004. Channel conflict and coordination in the e-commerce age. Production and Operations Management, 13 (1): 93-110.

[188] Tse, D. K., Lee, K. H., Vertinsky, I., Wehrung, D. A., 1988. Does culture matter? A cross-cultural study of executives' choice, decisiveness, and risk adjustment in international marketing. Journal of Marketing, 52 (4): 81-95.

[189] Tung, R. L., 1996. Managing in Asia: Cross-cultural dimensions. Managing Across Cultures: Issues and Perspectives, 233-245.

[190] Tversky, A., Kahneman, D., 1992. Advances in prospect theory: Cumulative representation of uncertainty. Journal of Risk & Uncertainty, 5/4: 297-323.

[191] Vaidyanathan, R., Aggarwal, P., 2003. Who is the fairest of them all? An attributional approach to price fairness perceptions. Journal of Business Research, 56/6: 453-463.

[192] Villas-Boas, J. M., 1998. Product line design for a distribution channel. Marketing Science, 17 (2): 156-169.

[193] Wagner, H. M., 2002. And then there were none. Operations Research, 50 (1): 217-226.

[194] Wagner, S. M., Coley, L. S., Lindemann, E., 2011. Effects of suppliers' reputation on the buyer-supplier relationships: The mediating roles of outcome fairness and trusts. Journal of Supply Chain Management, 47 (2): 29-48.

[195] Weber, E. U., Hsee, C. K., 1998. Cross-cultural differences in risk perception, but cross-cultural similarities in attitudes towards perceived risk. Management Science, 44 (9): 1205-1217.

[196] Weber, E. U., Hsee, C. K., Sokolowska, J., 1998. What folklore tells us about risk and risk taking: Cross-cultural comparisons of American, German, and Chinese proverbs. Organizational Behavior and Human Decision Processes, 75 (2): 170-186.

[197] Weber, E. U., Blais, A. R., Betz, N. E., 2002. A do-

main -specific risk-attitude scale: Measuring risk perceptions and risk behaviors. Journal of Behavioral Decision Making, 15 (4): 263-290.

[198] Wu, C. H., Lin, Y. C., 2005. Development of a Zhong-Yong thinking style scale. Indigenous Psychological Research in Chinese Societies, (24): 247-300.

[199] Wu, D. Y., Chen, K. Y., 2014. Supply chain contract design: Impact of bounded rationality and individual heterogeneity. Production and Operations Management, 23 (2): 253-268.

[200] Xia, L., Monroe, K., Cox, J., 2004. The Price is Unfair! A Conceptual Framework of Price Fairness Perceptions. Journal of Marketing, 68/4: 1-15.

[201] Yates, J. F. and Lee, J. W., 1995. Chinese decision making', in Bond, M. H. (ed.), Handbook of Chinese Psychology, Hong Kong: Oxford University Press.

[202] Yates, J. F., Lee, J. - W., Shinotsuka, H., 1996. Belief about overconfidence, including its cross-national variations'. Organizational Behavior and Human Decision Processes, (65): 138-147.

[203] Yates, J. F., Lee, J. -W., Bush, J. G., 1997 General knowledge overconfidence: cross-national variations, response style, and "reality". Organizational Behavior and Human Decision Processes, (70): 87-94.

[204] Yates, J. F., Zhu, Y., Ronis, D. L., Wang, D. F., Shinotsuka, H., Toda, M., 1989. Probability judgment accuracy: China, Japan, and the United States. Organizational Behavior and Human Decision Processes, 43 (2): 145-171.

[205] You, J. S., 2012. Social trust: Fairness matters more than homogeneity. Political Psychology, 33 (5): 701-721.

[206] Zmud, R. W., 1979. Individual differences and MIS success: A review of the empirical literature. Management Science, 25 (10): 966-979.

[207] 崔崟，陈剑，肖勇波．行为库存管理研究综述及前景展望［J］. 管理科学学报，2011，14 (6)：96-108.

[208] 李冰贤．沃尔玛供应链的成功与中国零售业发展的战略研究，2006.

[209] 刘作仪，查勇．行为运营管理：一个正在显现的研究领域［J］. 管理科学学报，2009，12 (4)：64-74.

[210] 周芳琴．连锁企业库存及采购管理——以沃尔玛为例［J］. 知识经济，2016 (21)：61-62.

附录　报童决策实验文档

清华经管学院
Tsinghua SEM

运营管理行为实验

首先向您致以诚挚的谢意，感谢您抽出宝贵的时间参与我们的行为实验！

本研究由清华大学经济管理学院的相关师生开展，希望对我国企业管理者的运营管理行为进行深入研究，为企业提升运营管理水平提出有价值的建议。您的参与将为我们提供宝贵的信息来源，是对我们研究工作的莫大支持！

若干重要说明及请求：

1. 本次调研是匿名调查，请您放心地参与。

2. 请勿与任何人就实验内容进行交流，包括实验前、进行中、完成后。

3. 请您在实验过程中不要参考任何资料。

4. 请您不要多次完成实验，也请您不要代替其他人参与实验。

5. 如果您在实验中退出，您已经完成的部分将会丢失，请您重新开始实验。

6. 实验过程中请不要回到上一页，这会导致实验数据丢失。

如果您关于本次实验有任何问题，请随时联系本次调研的组织者。

再次对您的热情参与致以衷心的感谢！

实验内容概要

本实验分为 3 个部分，总用时大约在 20~30 分钟，具体用时由您自行控制。

第一部分：基本信息采集

在这一部分中，我们会请您填写一些基本信息（匿名信息）。

第二部分：个人偏好采集

在这一部分中，我们会请您回答 3 个有趣的题目，以了解您对一些问题的态度和看法。

第三部分：订货决策情景实验

在这一部分中，我们会提供给您一个订货决策情景，请您在一个动态的环境下做出 12 次决策。

第一部分　基本信息采集

性别：________

年龄：________岁

公司名称：__________________________

所在部门：__________________________

具体职位：__________________________

最高学历：__________________________

最高学历对应专业：____________

相关工作经历年限：____________年

第二部分　个人偏好采集

在这一部分中，我们会请您完成 3 道有趣的问题。

1. 一个球拍和一个球一共 1.10 元，球拍比球贵 1.00 元，那么球拍多少钱？请输入您的答案：________元

2. 若 5 台机器制造 5 个部件需要 5 分钟，请问 100 台机器制造 100 个部件需要多长时间？请输入您的答案：________分钟

3. 湖中有一片睡莲叶，这片莲花的面积每天扩大至前一天的两倍，假设 48 天恰好把整个湖覆盖，请问多长时间这片睡莲覆盖整个湖的一半？请输入：__________天

第三部分　订货决策情景实验

一、情景介绍

您现在经营着一个小型食品商店，面临的任务是：决定每周的牛奶订货量（单位：袋），以满足这周内杂货店所面临的牛奶需求。您在每周一清晨订货后，牛奶会立刻在当日开店之前由供货商送达。上游供货商非常可信，一定可以及时满足来自您的订货需求。请注意，您每周只能订 1 次货。

我们的实验会模拟 12 周的订货决策（即请您完成 12 次订货），您的目标是：最大化您在 12 周之内的期望利润。

二、成本与收益参数

1. 牛奶订货价 2.00 元/袋，销售价 4.00 元/袋，即利润是 2.00 元/袋。

2. 若一个星期结束时还有牛奶剩余，那么这些牛奶因为过期必须被扔掉，您会损失 2.00 元/袋的订货成本。

3. 若杂货店牛奶缺货，首先会失去本可以赚得的利润 2.00 元/袋，而且顾客因为生气不会去购买他们本来打算购买的其他商品，导致额外失去 8.00 元本可以赚得的单位利润。

提示：请您权衡订货过多的成本损失和缺货的成本损失。如果订货过多，您损失的成本是 2.00 元/袋；如果订货不足发生缺货，缺货成本是 10.00 元/袋（包括本来可以赚得的利润 2.00 元/袋以及额外损失的 8.00 元/袋）。

三、您所面临的需求

您的小食品店所面临的牛奶需求服从正态分布：每周需求的平均值为 100 袋牛奶、标准差为 20 袋牛奶（这一需求不是整个市场的需求，而是您的商店所面临的需求）。需求的分布没有季节特性，并且我们确信未来每周的需求服从这一正态分布。

下图描述了过去 52 周需求的数据。在过去的 52 周中，顾客每周的需求在 56 袋至 145 袋之间变动。

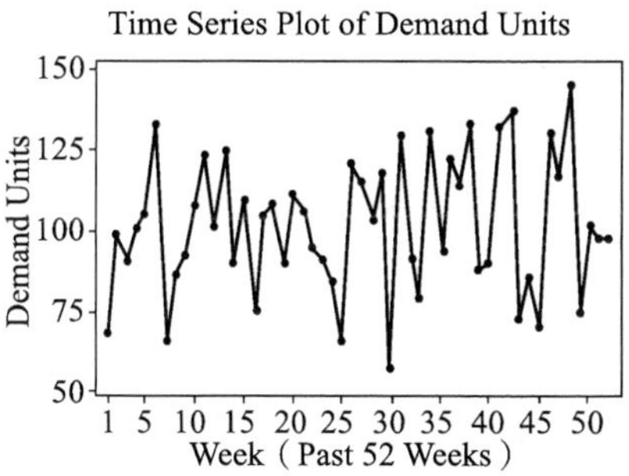

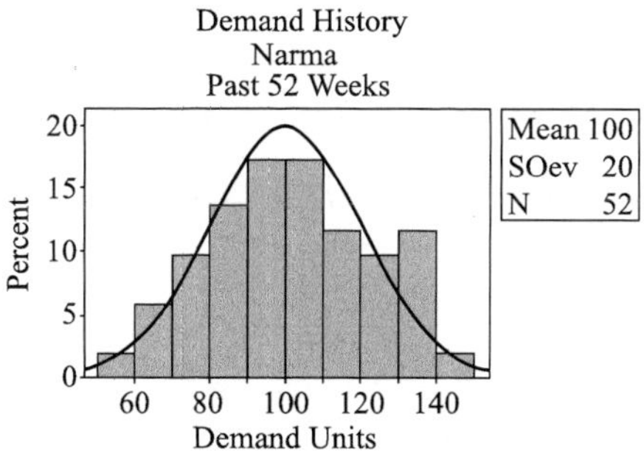

本实验将会持续进行 12 周。每周您都会看到一张更新过的关于最近 12 周顾客需求的图表。

第 1 周

固定的参数：

牛奶的订货价：2.00 元/袋

牛奶的销售价：4.00 元/袋

牛奶剩余所损失的订货成本：2.00 元/袋

牛奶缺货所额外损失的利润：8.00 元/袋

牛奶缺货会总共损失的利润：10.00 元/袋

需求服从正态分布：平均值 100 袋/周，标准差 20 袋/周

过去 12 周的需求：

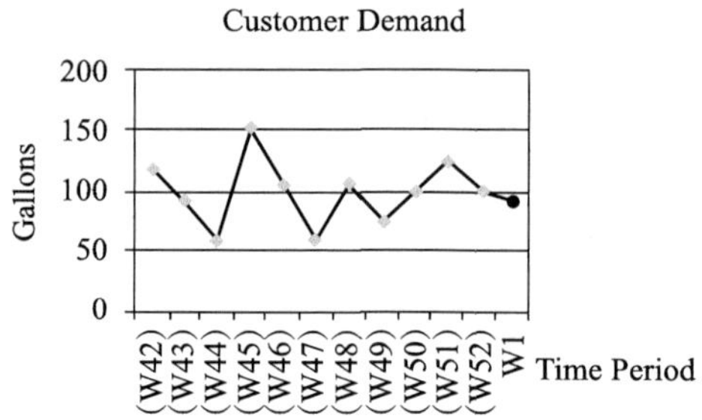

请输入本周你的订货量为：________袋牛奶

第 2 周

固定的参数：

牛奶的订货价：2.00 元/袋

牛奶的销售价：4.00 元/袋

牛奶剩余所损失的订货成本：2.00 元/袋

牛奶缺货所额外损失的利润：8.00 元/袋

牛奶缺货会总共损失的利润：10.00 元/袋

需求服从正态分布：平均值 100 袋/周，标准差 20 袋/周

过去 12 周的需求：

上周的相关信息：

上周顾客需求：________袋牛奶

上周您共订货：________袋牛奶

上周您共售出：________袋牛奶

上周您因多订货而扔掉：________袋牛奶

上周您因少订货而缺货：________袋牛奶

您因多订货或少订货所导致的成本（包括扔掉积压牛奶的成本、未满足需求的利润损失）：

上周：________元

累计：________元

请输入本周您的订货量为：________袋牛奶

订货决策完成

固定的参数：

牛奶的订货价：2.00 元/袋

牛奶的销售价：4.00 元/袋

牛奶剩余所损失的订货成本：2.00 元/袋

牛奶缺货所额外损失的利润：8.00 元/袋

牛奶缺货会总共损失的利润：10.00 元/袋

需求服从正态分布：平均值 100 袋/周，标准差 20 袋/周

过去 12 周的需求：

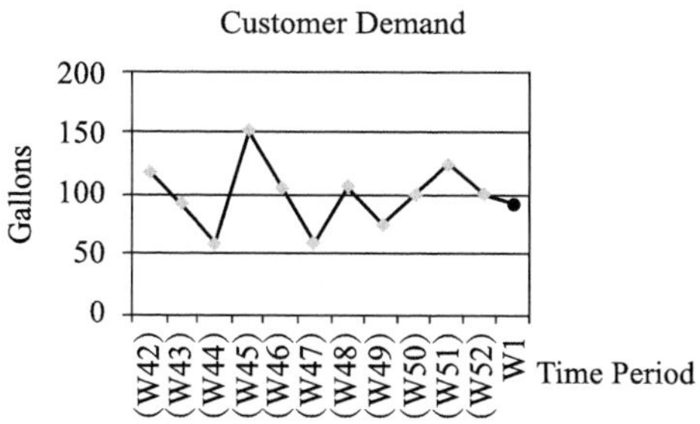

上周的相关信息：

上周顾客需求：________袋牛奶

上周您共订货：________袋牛奶

上周您共售出：________袋牛奶

上周您因多订货而扔掉：________袋牛奶

上周您因少订货而缺货：________袋牛奶

您因多订货或少订货所导致的成本（包括扔掉积压牛奶的成本、未满足需求的利润损失）：

上周：________元

累计：________元

重要术语索引